Ciro M  Trama

CANTA CHE TI PASSA

imparare l'italiano con le canzoni

Ha collaborato: Alessandro De Giuli

Progetto grafico e copertina: Kool GRAPHIC
Impaginazione: Valeria Falco
Illustrazioni: Luigi Critone
Consulenza musicale: Rosa De Simone

Si ringraziano:
Grace Anderson, Jamil Bawalsa, Annamaria Cavana della BMG Ricordi, Veronica Cotgrove, Annamaria Di Francesco, Monica Duggento, Sabrina Galasso, Carlo "er" Guastalla, Susanna Nocchi, la "signorina" Silke Daniela Pfaff, Giovanna Rizzo, Carmen, Gagu, Iaia, Luca, Lucio, Sissi, Maria Luigia e Salvatore, Jimmy e Rosaria, gli studenti del Centro di accoglienza Acisel di Roma, gli studenti dei corsi di italiano del Comune di Pistoia e di Quarrata

La prima parte del libro (pag. 7-87) è opera di C.M. Naddeo,
la seconda parte (pag. 88-152) di G. Trama

ISBN 88-86440-28-6

© Copyr. 2000 ALMA EDIZIONI srl
viale dei Cadorna, 44
50129 Firenze - Italia
tel ++39 055476644 - fax ++39 055473531
info@almaedizioni.it
www.almaedizioni.it

Tutti i diritti di riproduzione, traduzione e adattamento
sono riservati in Italia e all'estero

Prima edizione: dicembre 2000
Ultima ristampa: marzo 2005

PRINTED IN ITALY
la Cittadina, azienda grafica - Gianico (BS)
info@lacittadina.it

CANTA CHE TI PASSA

INDICE

INTRODUZIONE	pag. 4
LEGENDA DEI SIMBOLI	pag. 6
1 CI VUOLE UN FIORE - Sergio Endrigo	pag. 7
2 E PENSO A TE - Lucio Battisti	pag. 15
3 LA FELICITÀ - Paola Turci	pag. 23
4 BELLA - Jovanotti	pag. 33
5 NON È - Luca Carboni	pag. 43
6 MI PIACE - Leandro Barsotti	pag. 51
7 PORTA PORTESE - Claudio Baglioni	pag. 59
8 LA GATTA - Gino Paoli	pag. 73
9 UN RAGGIO DI SOLE - Jovanotti	pag. 83
10 VISTO CHE MI VUOI LASCIARE - Rino Gaetano	pag. 93
11 DOMENICA E LUNEDÌ - Angelo Branduardi	pag. 103
12 TU NON MI BASTI MAI - Lucio Dalla	pag. 113
13 ALLA FIERA DELL'EST - Angelo Branduardi	pag. 123
14 SARA - Antonello Venditti	pag. 133
15 DOTTI, MEDICI E SAPIENTI - Edoardo Bennato	pag. 143
GUIDA DELL'INSEGNANTE	pag. 153
SOLUZIONI	pag. 164
INDICE GENERALE DEI CONTENUTI	pag. 172

Introduzione

Cos'è "Canta che ti passa".

"Canta che ti passa" è un corso di lingua italiana attraverso le canzoni. È composto da:

- **un libro di 15 unità didattiche;**
- **un CD audio con 15 canzoni originali di autori italiani**

Com' è strutturato il libro

Il libro è strutturato come un vero e proprio corso; prevede 15 unità didattiche di livello progressivo: *elementare, **intermedio, ***avanzato.

Ogni **unità didattica** è costruita intorno a una nota canzone italiana. Per ogni canzone è proposta all'inizio dell'unità una **scheda introduttiva** con le informazioni sul brano (titolo, difficoltà linguistica, contenuti grammaticali, contenuti comunicativi, contenuti culturali e genere musicale) e una **scheda biografica** dell'interprete. Queste due schede sono state pensate per il lavoro dell'insegnante; la scheda biografica può anche essere proposta agli studenti come lettura di approfondimento alla fine dell'unità (non all'inizio, poiché le attività introduttive di motivazione all'ascolto mirano sempre a stimolare la curiosità dello studente, si richiede ad es. di indovinare il titolo o di fare ipotesi sul contenuto della canzone).

Ogni unità presenta **un'ampia gamma di attività** sia per la classe che per il lavoro individuale: attività di motivazione all'ascolto, di comprensione, di produzione orale e scritta (libera e guidata), di riflessione grammaticale, giochi, oltre a numerosi esercizi di fissazione e di rinforzo.

L'esecuzione della maggior parte delle attività è immediatamente comprensibile dalle istruzioni della sezione dello studente; altre più complesse (come ad es. i giochi o alcune attività di ascolto) sono invece spiegate nella **guida dell'insegnante** (pag. 153). Qui, oltre a numerosi consigli didattici, si trovano anche alcune schede fotocopiabili per i giochi di gruppo.

Alla fine del volume (pag. 164) sono disponibili le **soluzioni degli esercizi** (naturalmente solo di quelli che prevedono una risposta obbligata), e **un indice generale dei contenuti** (pag. 172), che permette di scorrere in due sole pagine l'intero libro e di reperire su ogni canzone tutte le informazioni didattiche essenziali.

Come usare il libro

Il libro può essere usato sia come testo base (in questo caso va integrato con altri materiali) che come testo di attività supplementari.
Ogni singola unità è stata pensata per un lavoro minimo di circa 3-4 ore. La struttura del corso non è in ogni caso vincolante; ogni unità didattica offre infatti la possibilità di modificare il percorso proposto, pertanto si potrà scegliere di svolgere tutte le numerose attività (anche in più lezioni) oppure di svolgerne solo alcune, a seconda delle specifiche esigenze didattiche (livello degli studenti, tempo a disposizione, interessi, proposito di lavorare su una certa particolare abilità linguistica, ecc…).

Le attività

Ogni unità prevede una vasta tipologia di attività. Si è cercato di calibrare i vari momenti didattici in modo da mantenere sempre viva l'attenzione e la curiosità degli studenti, alternando fasi di riflessione e di controllo sulle forme ad altre di gioco e di produzione libera. Per ogni canzone è prevista sempre una fase introduttiva di motivazione all'ascolto (partendo dal titolo, dalla prima strofa, da alcune parole o frasi, dalla musica, da un indovinello, da un gioco, ecc.), una fase di ascolto e una di produzione. La riflessione grammaticale è posta di solito nella parte centrale dell'unità; a questo punto lo studente dovrebbe avere una sufficiente familiarità con il testo per poter iniziare a lavorare sulle forme. Il lavoro sulla grammatica è induttivo, le regole vengono sempre estrapolate dai testi e mai date a priori; gli schemi grammaticali sono spesso delle tabelle che lo stesso studente è invitato a completare. In tutte le unità sono inoltre previste molte attività di tipo ludico, giochi, gare a coppie o a squadre, karaoke, ecc.
Tutte le attività sono numerate e contrassegnate da una figura grafica che ne indica le caratteristiche didattiche (vedi la legenda a pag. 6).

Come sono state scelte le canzoni

Le canzoni sono state scelte tenendo presenti i seguenti criteri: orecchiabilità e musicalità dei brani, varietà dei generi e degli stili musicali, significatività degli interpreti nell'ambito del panorama musicale italiano (ci sono sia i nomi storici, come Paoli, Battisti, Dalla, Venditti, Baglioni, Bennato, Branduardi, Endrigo, sia interpreti più recenti ma già affermati, come Jovanotti, Luca Carboni, Paola Turci, Leandro Barsotti); per i testi, si è tenuto conto della varietà dei temi trattati (non solo canzoni d'amore…), oltre che naturalmente della gradualità dei contenuti linguistici.

Gli autori

CANTA CHE TI PASSA

LEGENDA DEI SIMBOLI

 ascolta

 lavora sulla grammatica

 risolvi un problema (ricomponi il testo, rispondi a una domanda, collega, riordina, completa, ecc.)

 parla o lavora con un compagno

 leggi o ricerca qualche elemento nel testo

 lavora in gruppo

 scrivi

 canta

1. CI VUOLE UN FIORE
Sergio Endrigo

CI VUOLE UN FIORE

difficoltà linguistica: *
contenuti grammaticali: articoli determinativi, verbo "volerci"
contenuti comunicativi: dire cosa ci vuole per fare una cosa
contenuti culturali: natura, infanzia, cucina
genere musicale: canzone per bambini

SERGIO ENDRIGO

Chi è - Artista molto popolare negli anni 60 e 70. Con Paoli, Tenco e De André, fa parte del gruppo di cantautori che negli anni 60 rinnovano il linguaggio della musica leggera italiana. È nato a Pola (Istria) nel 1933.

La sua musica - Malinconica, sentimentale, raffinata, poetica, sono alcuni degli aggettivi con cui è stata definita la musica di Endrigo. Il tema principale delle sue canzoni è l'amore, rappresentato sempre in modo poetico e non banale. Nel 1968 ha vinto il Festival di Sanremo con "Canzone per te"; altri titoli di successo sono "Io che amo solo te", "Te lo leggo negli occhi", "Via Broletto". Ha scritto anche alcune popolari canzoni per bambini ("Ci vuole un fiore", "L'arca di Noè").

Curiosità - Parlando di sé, ha detto: "amo la calma, la buona tavola, i buoni amici, i buoni libri, la pesca subacquea, i francobolli, le armi antiche, gli animali, i luoghi non affollati. Non mi piacciono i furbi, i disonesti, i dilettanti presuntuosi, le salse agrodolci, i seccatori, gli invadenti, gli animali che mordono."

Ci vuole un fiore - È una filastrocca per bambini, scritta da Endrigo nel 1974 insieme a Gianni Rodari, il grande autore di letteratura per l'infanzia. È una canzone famosissima, amata da grandi e bambini, un piccolo capolavoro di musica e poesia.

CANTA CHE TI PASSA

1 Preascolto. Cosa ci vuole per fare un tavolo? Guarda i disegni e completa la sequenza secondo un ordine logico (il tavolo, il seme e il fiore sono già inseriti).

- tavolo
- ↓ _____
- ↓ _____
- ↓ seme
- ↓ _____
- ↓ fiore

fiore

legno

frutto

albero

tavolo

seme

2 Ascolta <u>la prima strofa della canzone</u> (non di più) e verifica l'ordine della sequenza.

3 Secondo te, che genere di canzone è? Riascolta <u>la prima strofa</u> e scegli la risposta giusta.

1 ☐ canzone d'amore
2 ☐ canzone per bambini
3 ☐ canzone religiosa
4 ☐ canzone politica

4 Sai che cos'è una filastrocca? Ne conosci una del tuo Paese? Sapresti cantarla?

5 Secondo la canzone, cosa ci vuole per fare tutto? Ascolta <u>tutta la canzone</u> e rispondi.

SERGIO ENDRIGO

6 Completa il testo con le parole mancanti (ogni parola va usata 2 volte). Poi ascolta la canzone e verifica.

Le cose d'ogni giorno raccontano
segreti a chi le sa guardare ed ascoltare

Per fare un tavolo
ci vuole il _____
per fare il _____
ci vuole l'_____
per fare l'_____
ci vuole il _____
per fare il _____
ci vuole il _____
per fare il _____
ci vuole il fiore
ci vuole un fiore
ci vuole un fiore
per fare un tavolo
ci vuole un fiore

Per fare un tavolo, ecc. ecc.

Per fare un fiore
ci vuole un _____
per fare il _____
ci vuole l'albero
per fare l'albero
ci vuole il _____
per fare il _____
ci vuole il _____
per fare il _____
ci vuol la _____
per far la _____
ci vuole un fiore
per fare tutto
ci vuole un fiore

Per fare un fiore, ecc. ecc.

albero

seme

legno

frutto

bosco

terra

ramo

monte

7 Rispondi alle domande e poi discuti con un compagno.

a) Secondo te, che cosa rappresenta il fiore nella canzone?
b) Prova a immaginare l'autore della canzone: secondo te, che tipo è?

9

CI VUOLE UN FIORE

8 Cerca nel testo della canzone i nomi a cui si riferiscono gli articoli qui sotto e scrivili al posto giusto nella tabella, come nell'esempio.

il
legno, ...

l'
....

la
....

le
....

Le cose d'ogni giorno
raccontano segreti
a chi le sa guardare ed
ascoltare

Per fare un tavolo
ci vuole il legno
per fare il legno
ci vuole l'albero
per fare l'albero
ci vuole il seme
per fare il seme
ci vuole il frutto
per fare il frutto
ci vuole il fiore
ci vuole un fiore
ci vuole un fiore
per fare un tavolo
ci vuole un fiore

Per fare un tavolo, ecc.
ecc.

Per fare un fiore
ci vuole un ramo
per fare il ramo
ci vuole l'albero
per fare l'albero
ci vuole il bosco
per fare il bosco
ci vuole il monte
per fare il monte
ci vuol la terra
per far la terra
ci vuole un fiore
per fare tutto
ci vuole un fiore

Per fare un fiore, ecc. ecc.

Per fare un tavolo
ci vuole il legno
per fare il legno
ci vuole l'albero
per fare l'albero
ci vuole il seme
per fare il seme
ci vuole il frutto
per fare il frutto
ci vuole il fiore
ci vuole un fiore
ci vuole un fiore
per fare tutto
ci vuole un fiore…

Ci vuole un fiore (G. Rodari - L. E. Bacalov - S. Endrigo) / (P) 1974 BMG Ricordi S.p.A.

SERGIO ENDRIGO

9 Questo è lo schema dell'articolo determinativo. Completa le colonne del singolare con gli articoli del testo della canzone.

L'articolo determinativo

| maschile || femminile ||
singolare	plurale	singolare	plurale
...... frutto	**i** frutti	...... cosa	**le** cose
...... albero	**gli** alberi	**l'** amica	**le** amiche
lo studente	**gli** studenti		

10 Cosa ci vuole per fare gli spaghetti al pomodoro? Completa la ricetta con gli articoli.

Cosa ci vuole per fare gli spaghetti al pomodoro?

_____ olio   _____ cipolla   _____ acqua

_____ sale   _____ pomodori   _____ spaghetti

_____ basilico

11 Ora scrivi tu i nomi degli ingredienti (con gli articoli) di una ricetta del tuo Paese. Se non conosci le parole italiane, usa il dizionario o chiedi all'insegnante.

Cosa ci vuole per fare _____ ?

11

CI VUOLE UN FIORE

12 Che cos'ha il signor Pallotta? Guarda il disegno, poi scrivi vicino ad ogni articolo il nome giusto.

cappello
occhiali
giacca
cravatta
orologio
telefono cellulare
ombrello
borsa
pantaloni
scarpe

Il signor Pallotta ha:

la camicia
la _____
la _____
la _____
le _____
il _____
il _____
i _____
l' _____
l' _____
gli _____

13 Completa il testo con gli articoli. Poi ascolta la canzone e verifica.

_____ cose d'ogni giorno raccontano
segreti a chi le sa guardare ed ascoltare

Per fare un tavolo
ci vuole _____ legno
per fare _____ legno
ci vuole _____ albero
per fare _____ albero
ci vuole _____ seme
per fare _____ seme
ci vuole _____ frutto
per fare _____ frutto
ci vuole il fiore
ci vuole un fiore
ci vuole un fiore
per fare un tavolo
ci vuole un fiore

Per fare un tavolo, ecc. ecc.

Per fare un fiore
ci vuole un ramo
per fare il ramo
ci vuole _____ albero
per fare _____ albero
ci vuole _____ bosco
per fare _____ bosco
ci vuole _____ monte
per fare _____ monte
ci vuol _____ terra
per far _____ terra
ci vuole un fiore
per fare tutto
ci vuole un fiore

Per fare un fiore, ecc. ecc

12

SERGIO ENDRIGO

14 Nel testo della canzone c'è un articolo che non è determinativo. Qual è?

15 Il gioco del "ci vuole".
Gioco a coppie. A turno, uno di voi due sceglie una parola dalla colonna di sinistra, e fa una domanda come nell'esempio. Il compagno deve scegliere dalla colonna di destra la parola giusta e rispondere come nell'esempio. Se la risposta è esatta guadagna un punto. Attenzione: ogni articolo sbagliato, sia nella domanda che nella risposta, fa perdere un punto. Vince chi totalizza il punteggio più alto.

Esempio
Studente A - Cosa ci vuole per fare il legno?
Studente B - Ci vuole l'albero.

Cosa ci vuole per fare...?				Ci vuole...			
legno	cioccolata		vino	sole	pioggia		caffè/latte
cappuccino	sigarette		giorno	pomodoro	cotone		cacao
mare	tempesta	hamburger	ufficio	**albero**	tabacco	uva	limone
vestiti	pizza		limonata	acqua/sale	computer		carne

16 La canzone in mille pezzi.
Gioco a squadre. Aprite la busta che vi dà l'insegnante, estraete le frasi e mettetele in ordine in modo da ricostruire le prime due strofe della canzone (puoi riconoscere le due strofe dalla sottolineatura). Le istruzioni del gioco sono a pag. 154.

17 Karaoke.
Gioco a squadre. Canta la canzone con la tua squadra. Attenzione: a un certo punto la musica andrà via; vince la squadra che riesce a tenere meglio il tempo. Le istruzioni sono a pag. 154.

18 Siamo tutti poeti.
Gioco a squadre. Insieme alla tua squadra, riscrivi la canzone "Ci vuole un fiore" con un nuovo titolo e un nuovo testo. Vince la squadra che scrive la canzone più originale.

13

2. E PENSO A TE
Lucio Battisti

E PENSO A TE

difficoltà linguistica: *

contenuti grammaticali: presente indicativo, verbi regolari e irregolari, interrogativi, stare + gerundio

contenuti comunicativi: parlare di un sentimento, parlare delle azioni quotidiane, salutare, scusarsi, interrogare, sapere, non sapere.

contenuti culturali: amore, innamoramento, relazioni interpersonali

genere musicale: canzone melodica

LUCIO BATTISTI

Chi è - È uno dei "grandissimi" della musica italiana, da molti considerato un vero e proprio mito. Il suo nome è legato a quello di Mogol, l'autore dei testi delle sue canzoni, con il quale ha scritto brani indimenticabili, diventati dei classici della canzone italiana di tutti i tempi. È morto nel 1998 all'età di 55 anni per un male incurabile.

La sua musica - La vita artistica di Battisti si divide in due periodi: il primo è quello della collaborazione con Mogol, che va dagli anni 60 fino all'inizio degli anni 80. Insieme, i due artisti creano uno stile inconfondibile: testi semplici e immediati che parlano di sentimenti universali come l'amore; melodie orecchiabili e facilmente cantabili. Nascono così decine di capolavori: "Acqua azzurra acqua chiara", "Un'avventura", "Mi ritorni in mente", "E penso a te", "Emozioni", "Ancora tu"... All'inizio degli anni 80 la coppia Battisti-Mogol si scioglie. È il periodo del "secondo Battisti", quello delle canzoni scritte insieme a Pasquale Panella, suo nuovo partner artistico. Lo stile di Battisti cambia: i testi diventano oscuri, spesso incomprensibili, la musica si fa meno immediata. È un Battisti diverso, più moderno e sperimentale, che non tutti i suoi fan apprezzano.

Curiosità - A partire dagli anni 80 Battisti decide di comunicare solo attraverso i suoi dischi: non fa più concerti, non va più in tv, non rilascia più interviste. Anche per questo il suo mito cresce. Alla sua morte, nel 1998, giornali e tv danno alla notizia un'importanza straordinaria. La sua tomba, da allora, diventa meta di pellegrinaggio dei fan.

E penso a te - È uno dei capolavori della coppia Battisti-Mogol, sintesi perfetta dello stile tipico dei due artisti: melodia facile e immediata, parole semplici ed essenziali che descrivono con intensità i sentimenti di una persona innamorata. Mogol ha raccontato che la canzone è stata scritta da lui e Battisti durante un viaggio in autostrada, in pochissimo tempo. È stata cantata anche da Mina in una famosa versione.

CANTA CHE TI PASSA

1 Fai il questionario sull'amore. Poi confronta le tue risposte con quelle di un compagno.

1) Quante volte ti sei innamorato/a nella tua vita?
- ☐ a) una volta
- ☐ b) due volte
- ☐ c) più di due volte
- ☐ d) mai

2) Cosa fai quando sei innamorato/a?
- ☐ a) penso sempre a lei/lui
- ☐ b) faccio molte telefonate
- ☐ c) non mangio
- ☐ d) non dormo
- ☐ e) lavoro poco
- ☐ f) altro: _____

3) A cosa rinunceresti per un grande amore?
- ☐ a) a tutto
- ☐ b) ai soldi
- ☐ c) a un lavoro importante
- ☐ d) agli amici
- ☐ e) altro: _____

4) Sei fedele?
- ☐ a) molto
- ☐ b) abbastanza
- ☐ c) poco
- ☐ d) per niente

5) Sei geloso/a?
- ☐ a) molto
- ☐ b) abbastanza
- ☐ c) poco
- ☐ d) per niente

2 Ascolta la canzone e fai delle ipotesi sul titolo. Quale può essere?

3 Il protagonista della canzone fa molte cose. Sai dire quali? Ascolta più volte la canzone e scrivile. Dopo ogni ascolto confrontati con un compagno.

16

LUCIO BATTISTI

4 Completa il testo della canzone con le parole mancanti. Poi confrontati con un compagno. Alla fine ascolta la canzone e verifica.

___ lavoro e ___ a te,

torno a ___ e ___ a te,

le telefono e intanto ___ a te...

Come ___, e ___ a te,

dove ___, e ___ a te,

___ sorrido, abbasso ___ occhi,

e ___ a te...

Non ___ con chi adesso ___,

non ___ che cosa ___

ma ___ di certo a cosa ___ pensando.

___ troppo ___ la ___,

per due che come ___

non ___ però si stan cercando... cercando...

Scusa ___ tardi, e ___ a te,

___ accompagno, e ___ a te,

non son stato ___ e ___ a te...

___ al buio e ___ a te...

chiudo gli ___, e ___ a te,

io non ___ e ___ a te...

▲ **VERBI**
penso (12) so (3) stai (2) è (2) andiamo dormo fai sono sei sperano

○ **NOMI**
occhi casa città

✻ **AGGETTIVI**
divertente grande

♣ **ARTICOLI**
gli

❏ **PRONOMI**
le noi io ti

17

E PENSO A TE

5 Cerca queste espressioni nel testo e metti una X sul significato giusto.

sorrido
a) rido ☐
b) sto male ☐

abbasso gli occhi
a) guardo su ☐
b) guardo giù ☐

ma so di certo a cosa stai pensando...
a) ma io non so a cosa tu pensi ☐
b) ma io so bene a cosa tu pensi (= pensi a me) ☐

ti accompagno
a) vado via ☐
b) vengo con te ☐

sono al buio
a) sono in una stanza senza luce, è notte ☐
b) sto bene, sono felice ☐

6 Secondo te, nella canzone si parla di un amore felice o infelice? Rileggi bene il testo e poi discuti con uno o più compagni.

7 Sottolinea nel testo tutti i verbi al presente indicativo. Poi mettili nella tabella, scrivendo la persona e l'infinito, come negli esempi.

presente indicativo	persona (io, tu, lui, lei, noi, voi, loro)	infinito
lavoro	io	lavorare
penso	io	pensare

18

LUCIO BATTISTI

8 Ora completa la tabella con il presente indicativo dei verbi.

	VERBI REGOLARI			VERBI IRREGOLARI		
	pens**are**	chiud**ere**	dorm**ire**	**essere**	**andare**	**fare**
io			dorm**o**	**sono**		**faccio**
tu		chiud**i**			**vai**	
lui/lei	pens**a**		dorm**e**			**fa**
noi		chiud**iamo**		**siamo**		
voi	pens**ate**				**andate**	
loro			dorm**ono**		**vanno**	**fanno**

9 Completa il testo.

_____ stai, e penso a te,
_____ andiamo, e penso a te,
le sorrido, abbasso gli occhi, e penso a te...
Non so con _____ adesso sei, non so _____ fai
ma so di certo a _____ stai pensando.

10 Ora scrivi un dialogo con le parole che hai inserito nell'esercizio n° 9. Lavora con un compagno. Poi, se volete, recitate il dialogo davanti alla classe.

19

E PENSO A TE

11 Il gioco delle domande.

Quiz a squadre. Le istruzioni sono a pag. 156.

12 Metti sotto ogni fotografia la frase giusta.

sta telefonando - sta leggendo - stanno sorridendo - sta sciando
sta suonando la chitarra - stanno mangiando

a)

b)

_____   _____

c)    d)

_____   _____

e)    f)

_____   _____

LUCIO BATTISTI

13 Nel testo della canzone ci sono 2 frasi come quelle dell'attività 12 (verbo STARE + il gerundio). Quali sono?

14 Completa la coniugazione del verbo "stare".

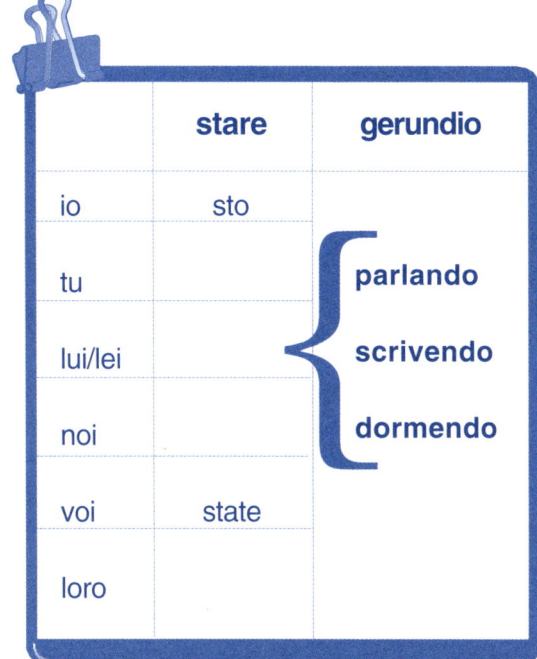

	stare	gerundio
io	sto	
tu		parlando
lui/lei		scrivendo
noi		dormendo
voi	state	
loro		

15 Completa le frasi mettendo i verbi al gerundio.

a) "Vieni al cinema?" "No, mi dispiace, non posso: sto _____."
   (lavorare)

b) "Dov'è Carlo?" "Sta _____."
   (dormire)

c) "Dove sono i bambini?" "Stanno _____."
   (giocare)

d) "Resti a cena con noi?" "No, sto _____."
   (uscire)

e) "Che cosa stai _____?"
   (leggere)

f) "Dove state _____?"
   (andare)

E PENSO A TE

16 Completa le frasi con il verbo "stare" + il gerundio.

a) "Che stai facendo?" "(Stare/studiare) _____."
b) "Dov'è Paolo?" "(Stare/parlare) _____ al telefono."
c) "Pronto, dove siete?" "(Stare/venire) _____ da te!"
d) "Perché (stare/ridere) _____?" "Perché sto leggendo un libro molto divertente."
e) "Fabrizia e Lorenzo (stare/guardare) _____ la tv."
f) "Tu e Sonia (stare/sbagliare) _____."
g) "Che (stare/fare) _____?" "Sto cucinando."

17 Formate 2 gruppi. Il primo gruppo lavora sulle prime due strofe della canzone (Io lavoro..., Come stai...) il secondo gruppo sulle ultime due strofe (Scusa è tardi..., Sono al buio...). Dovete esercitarvi a cantare le vostre strofe facendo attenzione a pronuncia e ritmo. Poi cantate la canzone con il sottofondo del CD.

3. LA FELICITÀ
Paola Turci

LA FELICITÀ

difficoltà linguistica:	*
contenuti grammaticali:	articoli determinativi e indeterminativi
contenuti comunicativi:	definire un sentimento, fare una proposta, convincere
contenuti culturali:	vacanze, viaggi, felicità, infelicità
genere musicale:	pop

PAOLA TURCI

Chi è - È una delle cantautrici più interessanti della nuova musica italiana. È nata a Roma nel 1964. Suona la chitarra.

La sua musica - La musica di Paola Turci è un riuscito mix di rock e suoni mediterranei. Nella sua discografia si trovano ballate sentimentali e romantiche ma anche canzoni piene di ritmo ed energia. Tra i suoi brani più conosciuti sono da ricordare "Bambini" e "Ringrazio Dio", che hanno avuto un buon successo di pubblico e di critica ai Festival di Sanremo del 1989 e del 1990. Molto apprezzata è anche la sua versione di "Ancora tu" - un classico di Lucio Battisti - che nel 1993 diventa uno dei brani più trasmessi dalle radio.

Curiosità - Ha avuto un brutto incidente d'auto dal quale si è ripresa ricominciando a cantare subito dopo. Nei suoi dischi ha interpretato spesso canzoni di altri artisti anche stranieri (Howard Jones, Simple Minds, John Waite).

La felicità - È un brano allegro e ritmato che esprime bene la vitalità e l'energia di Paola Turci. È contenuto nel CD del 1996 "Volo così", una raccolta di successi che comprende le canzoni migliori della sua produzione.

CANTA CHE TI PASSA

1 Ascolta la canzone e scrivi nella tabella tutto quello che ti suggerisce <u>la musica</u> (per il momento, non preoccuparti di capire le parole).

colori	cibi	sensazioni	luoghi	altro

2 Ora confronta la tua tabella con quella di un compagno: discutete dei punti in comune e delle differenze.

3 Adesso ascolta di nuovo la canzone. Questa volta concentrati sul testo: di cosa parla? Quale può essere il titolo? Discuti con un compagno.

4 Guarda l'esempio qui sotto. Poi riascolta la canzone e scrivi le altre parole che la cantante usa per definire la felicità. Alla fine confrontati con un compagno.

La felicità è:
- *ridere*
- *il mare*

24

PAOLA TURCI

5 Ora leggi il testo della canzone e verifica quello che hai scritto nell'attività 4.

Lascio la città, lascio la mia noia
Lascio la città per musica e papaya
Lascio alle mie spalle solitudine e apatia
Troverò salsedine, amore e fantasia
E il mio cuore vola ancora, è tutta una follia
E la strada va da sola e mi porta via

La felicità è ridere di niente, ehi...
La felicità è il mare con il sole all'orizzonte
La felicità è finalmente un uomo interessante
La felicità è *baila baila... vamos adelante!*

Cosa porterà questa estate portentosa
Sesso in quantità, uomini o pantere rosa
Lascio la mia pelle respirare in libertà
Lascio che sia il mare a trasportarmi qua e là

Brucia tutto e non fa male, cosa mai sarà
Non è il sole non è il sale, è musica che va

La felicità è non pensare a niente, ehi...
La felicità è insieme a te sconsideratamente
La felicità è la fortuna che ti bacia in fronte
La felicità è *baila baila... vamos adelante!*
La felicità è che ti fa sognare
La felicità è il grande viaggio che ti devi fare
La felicità è quando dentro tu ti senti grande
La felicità è *baila baila... vamos adelante!*

La felicità è ridere di niente, ehi...
La felicità è il mare con il sole all'orizzonte
La felicità è finalmente un uomo interessante
La felicità è *baila baila... vamos adelante!*
La felicità è vivere un istante
La felicità è quando dentro tu ti senti grande
La felicità è la fortuna che ti bacia in fronte
La felicità è *baila baila... vamos adelante!*

LA FELICITÀ - Testo e Musica di Andrea Righi, Roberto Casini
(c) 1996 by Warner Chappell Music Italiana S.r.l. / Fortissimo Gruppo Editoriale S.r.l. / Bmg Music Publishing Italy S.r.l.
Per gentile concessione di Carisch S.r.l.

6 Cos'è per te la felicità? E l'infelicità? Scrivi nella tabella tutto quello che ti suggeriscono queste due parole e poi discuti con i compagni.

La felicità è: L'infelicità è:

LA FELICITÀ

7 Guarda nel testo i nomi sottolineati e mettili al posto giusto nelle tabelle. Poi confrontati con un compagno.

Lascio la città, lascio la mia noia
Lascio la città per musica e papaya
Lascio alle mie spalle solitudine e apatia
Troverò salsedine, amore e fantasia
E il mio cuore vola ancora, è tutta una follia
E la strada va da sola e mi porta via

La felicità è ridere di niente, ehi...
La felicità è il mare con il sole all'orizzonte
La felicità è finalmente un uomo interessante
La felicità è *baila baila... vamos adelante!*

Cosa porterà questa estate portentosa
Sesso in quantità, uomini o pantere rosa
Lascio la mia pelle respirare in libertà
Lascio che sia il mare a trasportarmi qua e là

Brucia tutto e non fa male, cosa mai sarà
Non è il sole non è il sale, è musica che va

La felicità è non pensare a niente, ehi...
La felicità è insieme a te sconsideratamente
La felicità è la fortuna che ti bacia in fronte
La felicità è *baila baila... vamos adelante!*
La felicità è che ti fa sognare
La felicità è il grande viaggio che ti devi fare
La felicità è quando dentro tu ti senti grande
La felicità è *baila baila... vamos adelante!*

La felicità è ridere di niente, ehi...
La felicità è il mare con il sole all'orizzonte
La felicità è finalmente un uomo interessante
La felicità è *baila baila... vamos adelante!*
La felicità è vivere un istante
La felicità è quando dentro tu ti senti grande
La felicità è la fortuna che ti bacia in fronte
La felicità è *baila baila... vamos adelante!*

maschile

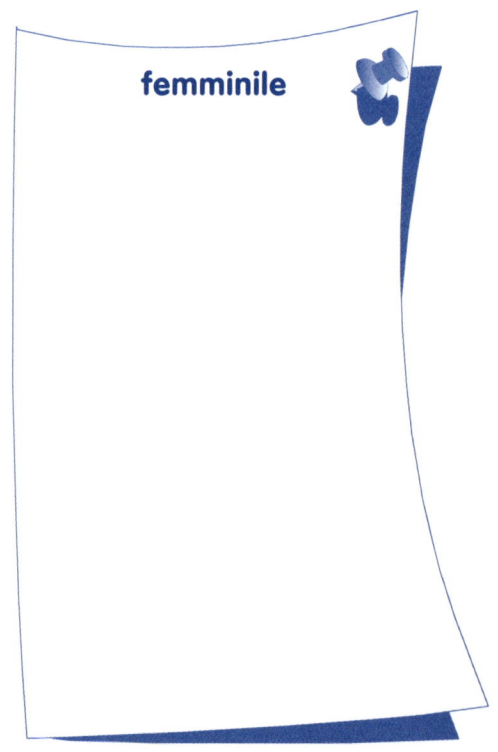

femminile

PAOLA TURCI

...ra dividi i nomi maschili e femminili in singolari e plurali.

		femminile	
plurale	singolare	plurale

Adesso scrivi per ogni nome anche la forma mancante del singolare o del plurale.

9 Completa la tabella riassuntiva sul nome, prendendo come modello le parole della canzone.

il nome

maschile singolare	maschile plurale	femminile singolare	femminile plurale
_____-o	_____-i	_____-a	_____-e
_____-e	_____-i	_____-e	_____-i
		_____-à	_____-à

27

LA FELICITÀ

10 Completa il testo con i nomi e poi confrontati con un compagno. Alla fine ascolta la canzone e verifica.

Lascio la _____, lascio la mia noia

Lascio la _____ per musica e papaya

Lascio alle mie spalle solitudine e apatia

Troverò salsedine, amore e fantasia

E il mio _____ vola ancora, è tutta una follia

E la _____ va da sola e mi porta via

La felicità è ridere di niente, ehi...

La felicità è il _____ con il sole all'orizzonte

La felicità è finalmente un _____ interessante

La felicità è *baila baila... vamos adelante!*

Cosa porterà questa _____ portentosa

Sesso in quantità, _____ o pantere rosa

Lascio la mia pelle respirare in libertà

Lascio che sia il mare a trasportarmi qua e là

Brucia tutto e non fa male, cosa mai sarà

Non è il sole non è il sale, è _____ che va

La felicità è non pensare a niente, ehi...

La felicità è insieme a te sconsideratamente

La felicità è la _____ che ti bacia in fronte

La felicità è *baila baila... vamos adelante!*

La felicità è che ti fa sognare

La felicità è il grande _____ che ti devi fare

La felicità è quando dentro tu ti senti grande

La felicità è *baila baila... vamos adelante!*

La felicità è ridere di niente, ehi...

La felicità è il mare con il _____ all'orizzonte

La felicità è finalmente un _____ interessante

La felicità è *baila baila... vamos adelante!*

La felicità è vivere un _____

La felicità è quando dentro tu ti senti grande

La felicità è la _____ che ti bacia in fronte

La felicità è *baila baila... vamos adelante!*

28

PAOLA TURCI

11 Insieme ai tuoi compagni detta all'insegnante tutte le parole che ti suggerisce l'argomento "vacanze".

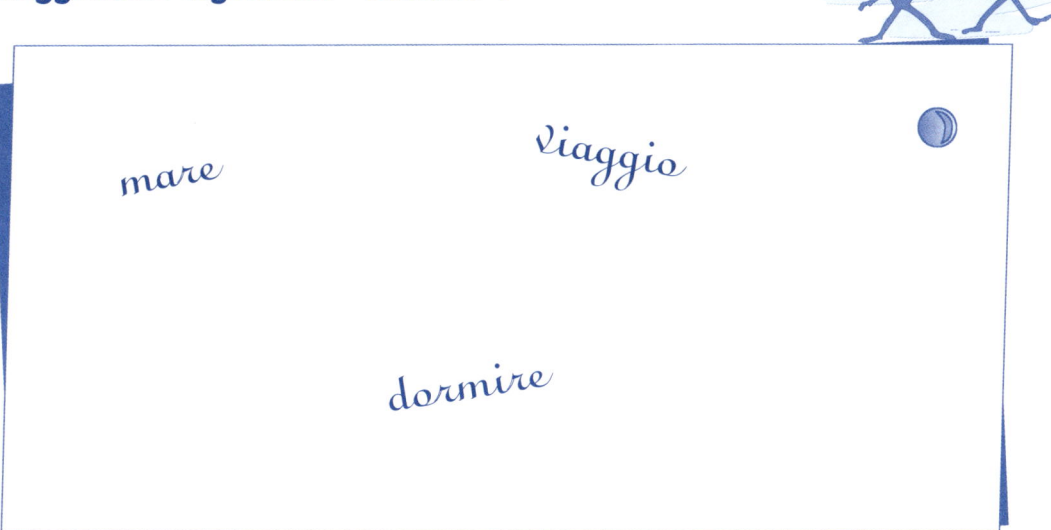

mare   viaggio

dormire

12 Dove vorresti andare in vacanza? Guarda la cartina e pensa a un posto che ti piace.

Ora, cerca nella classe i compagni che hanno scelto una vacanza simile alla tua e insieme a loro forma un gruppo. Dovete convincere il vostro insegnante a passare le vacanze con voi. Preparate delle domande per scoprire i suoi gusti. Poi, in base alle sue risposte, organizzate un programma di viaggio di 7 giorni e proponeteglielo. Potete fare tutto, non avete problemi di soldi! Alla fine l'insegnante sceglierà il viaggio più interessante.

LA FELICITÀ

13 Cerca nel testo della canzone tutti gli articoli e mettili al posto giusto nella tabella, come negli esempi.

| articoli determinativi || articoli indeterminativi ||
maschile	femminile	maschile	femminile
	la città		*una follia*

14 Ora completa le tabelle riassuntive sugli articoli.

l'articolo determinativo

maschile singolare	maschile plurale	femminile singolare	femminile plurale
___ viaggio	**i** viaggi	___ strada	**le** strade
l'uomo	___ uomini	**l'**estate	___ estati
lo spettacolo	**gli** spettacoli		

l'articolo indeterminativo

maschile singolare	femminile singolare
___ viaggio	___ strada
___ uomo	**un'**estate
uno spettacolo	

30

PAOLA TURCI

15 Completa il testo con gli articoli e poi confrontati con un compagno. Alla fine ascolta la canzone e verifica.

Lascio _____ città, lascio _____ mia noia
Lascio _____ città per musica e papaya
Lascio alle mie spalle solitudine e apatia
Troverò salsedine, amore e fantasia
E _____ mio cuore vola ancora, è tutta _____ follia
E _____ strada va da sola e mi porta via

_____ felicità è ridere di niente, ehi...
_____ felicità è _____ mare con _____ sole all'orizzonte
_____ felicità è finalmente _____ uomo interessante
_____ felicità è *baila baila... vamos adelante!*

Cosa porterà questa estate portentosa
Sesso in quantità, uomini o pantere rosa
Lascio _____ mia pelle respirare in libertà
Lascio che sia _____ mare a trasportarmi qua e là
Brucia tutto e non fa male, cosa mai sarà
Non è _____ sole non è _____ sale, è musica che va

_____ felicità è non pensare a niente, ehi...
_____ felicità è insieme a te sconsideratamente
_____ felicità è _____ fortuna che ti bacia in fronte
_____ felicità è *baila baila... vamos adelante!*
_____ felicità è che ti fa sognare
_____ felicità è _____ grande viaggio che ti devi fare
_____ felicità è quando dentro tu ti senti grande
_____ felicità è *baila baila... vamos adelante!*

_____ felicità è ridere di niente, ehi...
_____ felicità è _____ mare con _____ sole all'orizzonte
_____ felicità è finalmente _____ uomo interessante
_____ felicità è *baila baila... vamos adelante!*
_____ felicità è vivere _____ istante
_____ felicità è quando dentro tu ti senti grande
_____ felicità è la fortuna che ti bacia in fronte
_____ felicità è *baila baila... vamos adelante!*

16 Completa le parole crociate.

Orizzontali →

1 Il titolo della canzone è "La ....."
5 Paul è ..... studente americano.
6 "Come ..... chiami?"
7 "Vuoi un panino?" "No, grazie, ho ..... mangiato."
8 Il plurale di "mito."
10 Il calcio è ..... sport più popolare in Italia.
11 Il plurale di "uomo".
15 La sera guardo la tv o leggo ..... libro.
16 ..... lezione d'italiano inizia alle 9.00.
17 "Volare" è ..... famosa canzone italiana.
18 Il marito della regina.
20 ..... vino vecchio è più buono.
21 Il contrario di "sì".
22 In Italia ci sono quattro stagioni: l'autunno, l'inverno, la primavera e l' .....

Verticali ↓

1 "La felicità è la ..... che ti bacia in fronte."
2 "Dove sono ..... chiavi di casa?"
3 Napoli e Venezia sono in .....
4 "..... piace Roma?" "Sì, mi piace."
5 Il singolare di "uomini".
7 Il plurale di "lo".
9 ....., tu, lui, lei, noi, voi, loro.
12 "La felicità è il ..... con il sole all'orizzonte."
13 Netherland.
14
15 La boxe è ..... sport molto violento.
17 Quest'estate voglio fare ..... viaggio in Africa.
19 Esempio.
20 Istituto Turistico.

4. BELLA
Jovanotti

BELLA

- **difficoltà linguistica:** *
- **contenuti grammaticali:** aggettivi, nomi, articoli determinativi
- **contenuti comunicativi:** descrivere il fisico e il carattere di una persona, fare paragoni, definire, giudicare
- **contenuti culturali:** bellezza, natura, amore
- **genere musicale:** pop

JOVANOTTI

Chi è - Jovanotti (vero nome Lorenzo Cherubini) è uno dei cantanti più apprezzati dalle giovani generazioni per il ritmo, l'energia e la vitalità che riesce a comunicare con la sua musica. È nato a Roma nel 1966. È sposato e ha una figlia.

La sua musica - Ha iniziato facendo il d.j. Come cantante è stato uno dei primi a introdurre la musica rap in Italia, con canzoni di grande successo ("Serenata rap", "Una tribù che balla", "Penso positivo"). In seguito la sua musica si è evoluta verso i generi più diversi, in una continua sperimentazione che va dal funky, al pop, ai ritmi africani, fino alle canzoni più dolci e melodiche. Anche i testi, inizialmente leggeri e spensierati, sono diventati via via più impegnati.

Curiosità - Ha collaborato con molti cantanti italiani: Pavarotti, Zucchero, Eros Ramazzotti, Gianna Nannini. Con Ligabue e Piero Pelù ha scritto la canzone "Il mio nome è mai più" - singolo di grande successo - per aiutare le popolazioni colpite dalla guerra. È impegnato in campagne in favore dei diritti umani.

Bella - È una ballata allegra, ritmata e molto orecchiabile, esempio di contaminazione tra stili musicali diversi. Contenuta nell'album "Lorenzo 1997 - L'albero", è forse la canzone più conosciuta di Jovanotti.

CANTA CHE TI PASSA

1 Insieme ai tuoi compagni, detta all'insegnante tutti gli aggettivi che conosci per descrivere il fisico e il carattere di una persona.

bello   *simpatico*

grasso

2 Ora scrivi nella tabella come dovrebbe essere il tuo partner ideale. Poi confronta la tua tabella con quella di due compagni: discutete dei punti in comune e delle differenze.

fisico	carattere

3 Ascolta la canzone e fai delle ipotesi insieme a un compagno:
   a) di cosa parla?
   b) quale può essere il titolo?

34

4 Com'è la ragazza? Ascolta più volte la canzone e completa la tabella (senza guardare il testo in basso).

bella come	calda come	chiara come	forte come	nuda come	grande come	fresca come
una mattina						tramontana

5 Ora ascolta la canzone mentre leggi il testo. Alla fine verifica la tabella dell'attività 4.

E gira gira il mondo
e gira il mondo e giro te
mi guardi e non rispondo
perché risposta non c'è
nelle parole

Bella come una mattina d'acqua cristallina
come una finestra che m'illumina il cuscino
Calda come il pane, ombra sotto un pino
mentre t'allontani e stai con me forever

Lavoro tutto il giorno
e tutto il giorno penso a te
e quando il pane sforno
lo tengo caldo per te

Chiara come un ABC, come un lunedì
di vacanza dopo un anno di lavoro
Bella, forte come un fiore, dolce di dolore
bella come il vento che t'ha fatto bella amore
Gioia primitiva di saperti viva
vita piena giorni e ore batticuore
Pura, dolce mariposa, nuda come sposa
mentre t'allontani e stai con me forever

Bella come una mattina d'acqua cristallina
come una finestra che m'illumina il cuscino
Calda come il pane, ombra sotto un pino
come un passaporto con la foto di un bambino
Bella come un tondo, grande come il mondo
Calda di scirocco e fresca come tramontana
Tu come la fortuna, tu così opportuna
mentre t'allontani e stai con me forever
Bella come un'armonia, come l'allegria
come la mia nonna in una foto da ragazza
come una poesia, o Madonna mia
come la realtà che incontra la mia fantasia
Bella...

Bella (Jovanotti - Centonze - Jovanotti)
(P) 1997 Universal Music Italia s.r.l.

35

BELLA

6 Leggi il testo e rispondi alle domande. Poi discuti con un compagno.

a) Secondo te, che relazione c'è tra il cantante e la ragazza?

b) Che cosa significa "chiara come un ABC"?

c) Il cantante parla di una persona della sua famiglia. Chi è?

7 Gioco a squadre. Completate la tabella. Per ogni aggettivo scrivete almeno tre definizioni. Vince la squadra che ne trova di più. Usate la fantasia!

divertente come	blu come	triste come	difficile come	grande come	rosso come
una commedia		un addio		l'oceano	un pomodoro

8 Sottolinea nel testo della canzone tutti gli aggettivi che il cantante usa per descrivere la ragazza.

E gira gira il mondo
e gira il mondo e giro te
mi guardi e non rispondo
perché risposta non c'è
nelle parole

<u>Bella</u> come una mattina d'acqua cristallina
come una finestra...............

36

JOVANOTTI

9 Ora immagina che il titolo della canzone sia "Bello". Come cambia il testo? Attenzione, oltre agli aggettivi, cambiano anche le seguenti espressioni:

sposa → sposo
come la mia nonna in una foto da ragazza → come mio nonno in una foto da ragazzo

10 Completa la tabella con gli aggettivi della canzone, come negli esempi.

maschile singolare	femminile singolare	maschile plurale	femminile plurale
bell**o**	bell**a**	bell**i**	bell**e**
fort**e**	fort**e**	fort**i**	fort**i**

11 Trova gli aggettivi più adatti e poi confrontati con un compagno.

freddo	come l'inverno
nera	come la notte
veloce	come una Ferrari
_____	come il sole
_____	come un bambino
_____	come il cielo d'estate
_____	come la lingua italiana
_____	come i soldi
_____	come il monte Everest
_____	come l'amore
_____	come un quadro di Leonardo
_____	come un computer
_____	come le vacanze

BELLA

12 Pensa a una persona che ti piace e scrivi delle frasi come quelle della canzone. Esempio: è bella come una mattina, calda come il pane, grande come il mondo...

13 Usa le frasi che hai trovato per scrivere una piccola poesia. Poi dalle un titolo.

14 Completa l'ultima strofa del testo con gli articoli giusti. Poi ascolta l'ultima parte della canzone e verifica.

Bella come una mattina d'acqua cristallina
come una finestra che m'illumina _____ cuscino
Calda come _____ pane, ombra sotto un pino
come un passaporto con _____ foto di un bambino
bella come un tondo, grande come _____ mondo
calda di scirocco e fresca come tramontana
Tu come _____ fortuna, tu così opportuna
mentre t'allontani e stai con me forever
Bella come un'armonia, come _____ allegria
come _____ mia nonna in una foto da ragazza
come una poesia, o Madonna mia
come _____ realtà che incontra _____ mia fantasia

15 Completa la tabella con i nomi al plurale o al singolare e con gli articoli determinativi.

SINGOLARE		PLURALE	
articolo	nome	articolo	nome
il	mondo	_____	mondi
_____	risposta	_____	
_____	_____	_____	parole
_____	mattina	_____	
_____	finestra	_____	
_____	lunedì	_____	
_____	vacanza	le	vacanze
_____	anno	_____	
_____	fiore	_____	
_____	dolore	_____	
_____	vento	i	
_____	gioia	_____	
_____	_____	_____	ore
_____	_____	_____	giorni
_____	sposa	_____	
_____	passaporto	_____	
_____	foto	_____	
_____	bambino	_____	
_____	scirocco	gli	_____
_____	fortuna	_____	
_____	armonia	_____	
_____	ragazza	_____	
_____	poesia	_____	
_____	realtà	_____	

39

BELLA

16 Completa il testo. Poi ascolta la canzone e verifica (se necessario, ascolta più volte).

E gira gira il mondo
e gira il mondo e giro te
mi guardi e non _____
perché risposta non c'è
nelle parole

Bella come una _____ d'acqua cristallina
come una _____ che m'illumina il cuscino
calda come il _____, ombra sotto un pino
mentre t'allontani e _____ forever

Lavoro _____
e tutto il giorno _____ a te
e quando il _____ sforno
lo tengo caldo per te

Chiara come un ABC, come un lunedì
di _____ dopo un anno di _____
Bella, forte _____ un fiore, dolce di dolore
bella come il _____ che t'ha fatto bella amore
Gioia primitiva di saperti viva
vita piena giorni e ore batticuore
pura, dolce mariposa, nuda come sposa
mentre t'allontani e _____ forever

Bella come una _____ d'acqua cristallina
come una _____ che m'illumina il cuscino
Calda come il _____, ombra sotto un pino
come un passaporto con la foto di un _____
bella come un tondo, grande come il _____
calda di scirocco e fresca come tramontana
Tu come la fortuna, tu così opportuna
mentre t'allontani e _____ forever
Bella come un'armonia, come l'allegria
come la mia _____ in una foto _____
come una poesia, o Madonna mia
come la realtà che incontra _____
Bella...

JOVANOTTI

17 Collega i contrari, come nell'esempio.

bello — freddo
chiaro — piccolo
dolce — vestito
caldo — **brutto**
grande — debole
nudo — amaro
forte — scuro

18 Lavoro di gruppo. Vi hanno invitato a partecipare al Festival di Sanremo. Il titolo della vostra canzone è "Brutta" (o "Brutto"). Scrivete il testo.

19 Karaoke. Gioco a squadre. Canta la canzone "Bella" con la tua squadra. Attenzione: a un certo punto la musica andrà via; vince la squadra che riuscirà a tenere meglio il tempo (le istruzioni sono a pag. 156).

5. NON È

Luca Carboni

NON È

difficoltà linguistica:	*
contenuti grammaticali:	avverbi di tempo e di frequenza, preposizioni articolate
contenuti comunicativi:	parlare delle stagioni e del clima, specificare la frequenza di un evento, negare, esprimere desideri e stati d'animo, invitare, convincere
contenuti culturali:	clima, stagioni, sentimenti, Paesi, luoghi
genere musicale:	reggae

LUCA CARBONI

Chi è - Giovane cantautore bolognese scoperto da Lucio Dalla, è stato uno degli artisti di maggior successo degli ultimi anni. È apprezzato soprattutto dai giovani, che amano le sue canzoni riflessive e allo stesso tempo leggere e ironiche. È nato nel 1962.

La sua musica - Con il suo suono moderno, leggero e delicato, Luca Carboni ha portato un'aria di novità nella musica italiana. Le sue canzoni sono state definite "minimaliste", perché raccontano in modo semplice ed essenziale storie comuni di ragazzi e di ragazze; i suoi testi sembrano conversazioni reali tra giovani della stessa età. Titoli come "Ci stiamo sbagliando ragazzi", "Silvia lo sai", "Farfallina", "Ci vuole un fisico bestiale", hanno venduto milioni di copie e sono rimasti in testa alle classifiche italiane per molti mesi. Nel 1992 Carboni ha girato l'Italia insieme a Jovanotti, in una serie di concerti di straordinario successo. Nel 2000 è uscito il CD "Il tempo dell'amore 1999/1984", che raccoglie tutte le sue canzoni più famose.

Curiosità - Prima di diventare un musicista professionista, Carboni ha fatto il commesso in un negozio di scarpe. Lucio Dalla gli ha dato la possibilità di entrare nel mondo della musica dopo aver letto per caso sul tavolo di una trattoria bolognese i testi di alcune sue canzoni. È considerato un sex symbol per la sua bellezza e il suo "fascino latino".

Non è - È un'allegra canzone dal ritmo reggae, grande successo dell'estate 1996. Come sempre in Carboni, il testo alterna momenti ironici ad altri più riflessivi. È contenuta nel CD "Mondo".

CANTA CHE TI PASSA

1 Ascolta la canzone e prova a disegnare quello che ti suggerisce la musica: un luogo, una situazione, una stagione, una persona... Per il momento, non preoccuparti di capire le parole.

2 Ora confronta il tuo disegno con quello di un compagno. Analizzate i punti in comune e le differenze.

3 Adesso ascolta di nuovo la canzone. Questa volta concentrati sul testo: di cosa parla? Quale può essere il titolo?
Discuti con un compagno.

LUCA CARBONI

4 Ascolta nuovamente la canzone e scrivi i nomi dei mesi e delle stagioni che senti.

mesi	stagioni

5 Conosci i nomi degli altri mesi e delle altre stagioni? Completa la lista. Poi confrontati con un compagno.

6 Lavora con un compagno: uno di voi due legge le istruzioni per lo studente A, l'altro quelle per lo studente B.

Studente A

Ami la montagna, lo sci e la neve. Incredibilmente, hai vinto una vacanza di una settimana per due persone a Cortina d'Ampezzo, la famosa località sciistica italiana. È tutto pagato: viaggio, pensione completa in hotel a 5 stelle, ecc. Il periodo è dal 25 al 31 dicembre.

Convinci il tuo compagno (studente B) a venire con te.

Studente B

Ami il sole e il mare. Incredibilmente, hai vinto una vacanza di una settimana per due persone alle isole Mauritius. È tutto pagato: viaggio, pensione completa in hotel a 5 stelle, ecc. Il periodo è dal 25 al 31 dicembre.

Convinci il tuo compagno (studente A) a venire con te.

NON È

7 Ascolta più volte la canzone e cerca di completare la tabella (senza guardare il testo in basso). Poi discuti con un compagno.

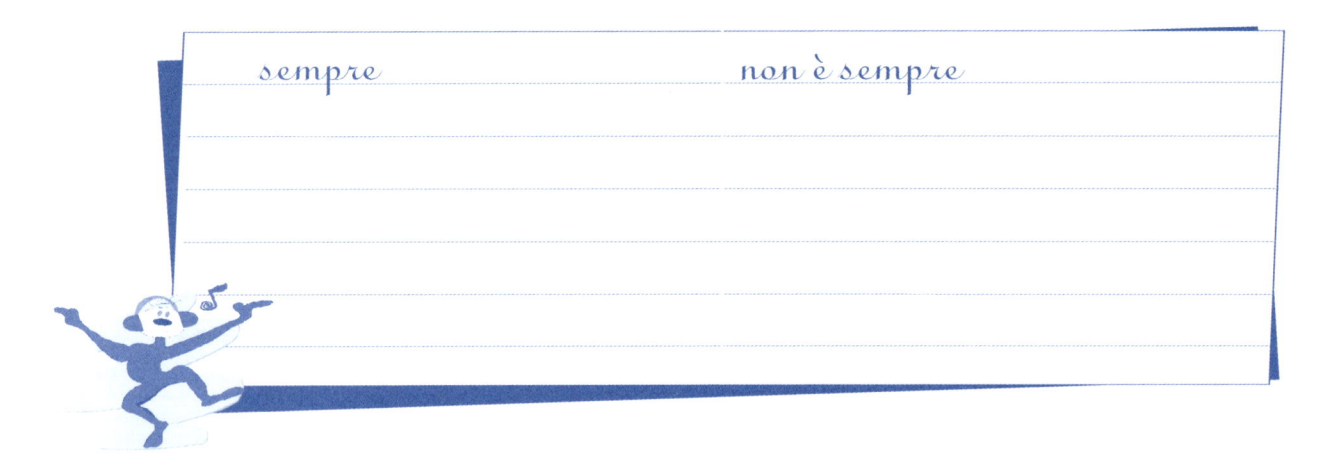

sempre	non è sempre

8 Ascolta la canzone mentre leggi il testo. Poi verifica la tabella.

Luglio agosto settembre
Luglio agosto settembre

Luglio agosto settembre
Luglio agosto settembre
un'altra estate che se ne va

E allora rivoluzione
sempre rivoluzione
dentro e fuori di me
no non mi lamento per la mia situazione
finché posso scrivere una canzone
ma se anche la leggerezza ha il suo
aspetto pesante
piange anche un cantante
tu non ci crederai ma piange anche un dj
anche se ha quella voce ok

Non è non è sempre estate
non è sempre in onda
non si è non è non...

Ottobre novembre dicembre
sempre rivoluzione
ottobre novembre dicembre
ancora rivoluzione
non mi voglio arrendere mai
certe notti nel letto penso alla mia vita
e non mi sento a posto
vorrei fare di più ed essere più profondo
vorrei cambiare anche il mondo
ma poi mi metto a dormire
forse per non sentire
perché è già tardi

Non è non è sempre estate
non è sempre il sole non c'è
non è non è sempre festa
non è sempre al mare
non si è non è non...

Luglio agosto settembre
sempre rivoluzione
tra i palazzi e le case della mia città
c'è sempre molto che non va
e fra tutta la gente sì fra tutta la gente
sempre poca umanità
ma dimmi come si fa
a fare del bene al mondo
dimmi come si fa

Non è non è sempre estate
non è sempre al mare non si è
non è non è sempre il sole
non c'è sempre festa
non è non è non è sempre estate
non è sempre in onda non si è
non c'è non c'è sempre il sole
non c'è sempre festa non è

Non è non è sempre estate
non è sempre al mare non si è
non c'è non c'è sempre il sole
non c'è sempre festa
non è non è non è sempre estate
non è sempre al mare...

Non è (Luca Carboni)
(P) 1995 BMG Ricordi S.p.A.

46

LUCA CARBONI

9 Leggi il testo e rispondi alle domande. Poi discuti con un compagno.

a) Che cosa vorrebbe fare il ragazzo? Cosa fa invece?
b) Come si sente? Perché?
c) Quali problemi ci sono nella sua città?

10 Qual è il contrario di "sempre"? Cercalo nel testo.

11 L'hai trovato? Sai dire come si usa? Discuti con un compagno e fai degli esempi.

12 Insieme ai tuoi compagni detta all'insegnante tutte le espressioni che ti suggerisce l'argomento "clima".

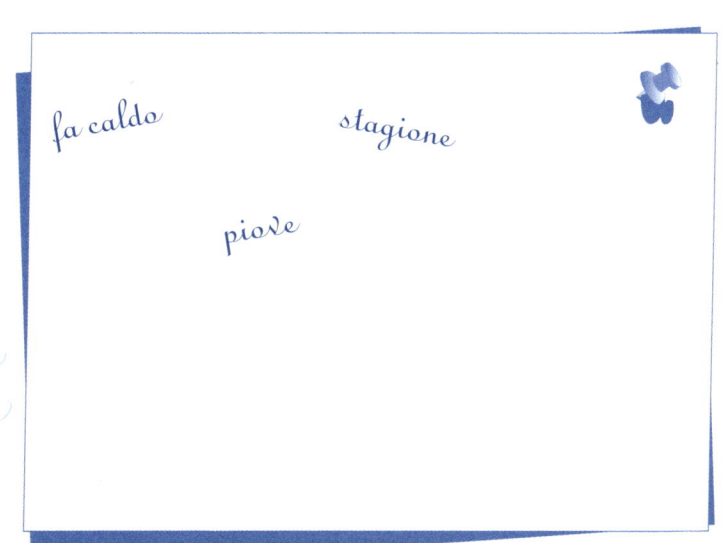

fa caldo   stagione   piove

13 Com'è il tempo in questi Paesi? Completa la tabella. Poi confrontati con un compagno.

	sempre	spesso	qualche volta	non... quasi mai	non... mai
in Italia			qualche volta nevica		
a Cuba	fa sempre caldo				non fa mai freddo
in Alaska					
in Kenya					
nel mio Paese					

NON È

14 Metti le parole sulla destra nell'ordine giusto e ricomponi il testo. Poi ascolta la canzone e verifica.

Luglio agosto settembre
Luglio agosto settembre

Luglio agosto settembre
Luglio agosto settembre
_____   va estate se che altra ne un'

E allora rivoluzione
sempre rivoluzione
dentro e fuori di me
no _____   la mi mia per non lamento situazione
finché posso scrivere una canzone
ma se anche la leggerezza ha il suo aspetto pesante
piange anche un cantante
tu non ci crederai ma piange anche un dj
anche se ha quella voce ok

Non è non è sempre estate
non è sempre in onda
non si è non è non...

Ottobre novembre dicembre
sempre rivoluzione
ottobre novembre dicembre
ancora rivoluzione
_____   mi mai arrendere voglio non
certe notti nel letto penso alla mia vita
e non mi sento a posto
vorrei fare di più ed essere più profondo
vorrei cambiare anche il mondo
_____   a mi dormire ma metto poi
forse per non sentire
perché è già tardi

Non è non è sempre estate
non è sempre il sole non c'è
non è non è sempre festa
non è sempre al mare
non si è non è non...

Luglio agosto settembre
sempre rivoluzione
tra i palazzi e le case della mia città
_____   sempre va è non che c' molto
e fra tutta la gente sì fra tutta la gente
sempre poca umanità
ma dimmi come si fa
a fare del bene al mondo
dimmi come si fa

Non è non è sempre estate
non è sempre al mare non si è
non è non è sempre il sole
non c'è sempre festa
non è non è non è sempre estate ecc. ecc.

LUCA CARBONI

15 Nel testo della canzone ci sono 5 diverse preposizioni articolate. Quali sono? Trovale e mettile al posto giusto nella tabella.

	IL	LO	LA	L'	I	GLI	LE
DI						degli	
A		allo			ai		
DA				dall'			dalle
IN			nella				
SU	sul			sull'			

Ora completa la tabella con le preposizioni articolate che mancano.

16 Il gioco del "Non è".
Gioco a squadre. Le istruzioni sono a pag. 158.

non è...

?

49

17 Completa le parole crociate.

Orizzontali →

3 In un anno sono dodici.
7 "Non è, non è ..... estate".
10 Unione Popolare.
11 "Conosci la Sicilia?" "Sì, ... vado in vacanza tutti gli anni."
12 Io partirò, tu partirai, lui part.....
13 In inverno fa molto .....
15 Il contrario di "sempre".
16 "Gelosi" senza "l".
17 Susan è americana, viene ..... New York.
18 "La mattina io ..... alzo alle 7.00."
19
21 "Vuoi una pizza?" "No, grazie, ho ..... mangiato."
23 La scienza che studia la vita è la .....logia.
25 Io agivo, tu agivi, lui .....
27 Radio Roma.
28 Io pago, tu paghi, lui p.....
30 I pomodori mi piacciono, ma non ..... mangio spesso.
31 La stagione più calda dell'anno.
34 Un posto più lontano di "qui".
35 "Per" in francese.
37 Il contrario di "sbagliati".
39 Il mese prima di aprile.
40 Miei, ..., suoi, nostri, vostri, loro.

Verticali ↓

1 ..... stagioni sono quattro.
2 Io ero, tu eri, lui .....
4 La moneta europea.
5 Molte volte.
6 Quando ....., apro l'ombrello.
7 Il contrario di "no".
8 ....., tua, sua, nostra, vostra, loro.
9 Viene dopo l'inverno.
11 Compact Disc.
13 Il secondo mese dell'anno.
14 Il Signore dell'Universo.
15 Il mese prima di giugno.
20 ....., agosto, settembre.
22 Istituto Italiano.
24 "Virtù" senza "v".
25 Le più alte montagne italiane.
26 Associazione Sportiva.
29 Telefono spesso ..... miei amici.
32 Torino-Grenoble-Zurigo.
33 Nord, sud, ..., ovest.
36 Unione Monetaria.
38 Io vado, ... vai, lui va.

50

6. MI PIACE
Leandro Barsotti

MI PIACE

difficoltà linguistica:	*
contenuti grammaticali:	verbo piacere, pronomi indiretti, (pronomi diretti, pronomi combinati)
contenuti comunicativi:	parlare dei gusti personali, esprimere giudizi (piacere e non piacere), fare una proposta, convincere
contenuti culturali:	gusti, interessi, tempo libero
genere musicale:	pop

LEANDRO BARSOTTI

Chi è - Giovane cantautore, ha avuto un grande successo alcuni anni fa con la canzone "Mi piace", diventata molto popolare tra i giovani. È nato a Brindisi nel 1966.

La sua musica - Leandro Barsotti propone una musica leggera e gradevole. Le sue canzoni si rivolgono a un pubblico giovanile e raccontano con un linguaggio semplice e diretto i problemi delle nuove generazioni. Dopo il successo della canzone "Mi piace" ha pubblicato alcuni dischi di buon livello e ha partecipato varie volte al Festival di Sanremo. Le sue migliori canzoni sono contenute nell'abum del 1997 "Fragolina collection".

Curiosità - Scrive anche canzoni per bambini. Tiene numerose conferenze sul linguaggio della musica giovanile. È laureato in criminologia.

Mi piace - È la canzone più conosciuta di Leandro Barsotti. Nel 1994 partecipa al "Festival italiano" (una gara televisiva di canzoni) e viene subito eliminata, ma l'anno dopo diventa uno dei brani più trasmessi dalle radio. È una canzone leggera e ballabile, con un ritornello accattivante e facilmente cantabile.

CANTA CHE TI PASSA

1 Cosa ti piace? Cosa non ti piace? Completa le tabelle con le parole della lista. Poi cerca nella classe le persone che hanno i tuoi stessi gusti.

> il mare   la montagna   la discoteca   la musica classica
> il gelato   il caffè   il vino   lo sport   la moda
> la carne   la frutta   il matrimonio   fumare   studiare
> lavorare   alzarmi presto la mattina   alzarmi tardi la mattina

mi piace ...	non mi piace ...

2 Ascolta la canzone e cerca di indovinare il titolo.

3 Collega le frasi di sinistra con quelle di destra. Poi confrontati con un compagno.

Giro i negozi	per raccontartele
Guardo la tele anche se non mi piace	e corro a prenderti a scuola
Frego* la macchina di mio padre	ma registro tutto quello che piace a te
E sabato sera andiamo a ballare	e compro le cose più belle del mondo
Imparo a memoria le favole	anche se non sono capace

*Frego (inf. fregare): rubare, prendere qualcosa senza autorizzazione.

4 Ora ascolta di nuovo la canzone (più volte, se necessario) e verifica se hai collegato bene le frasi.

LEANDRO BARSOTTI

5 Questo è il testo della canzone. Cerca le frasi che hai collegato nell'attività 3 e sottolineale. Poi riascolta la canzone con il testo davanti.

Giro i negozi
e compro le cose più belle del mondo
faccio tutto per te, tutto per te

Guardo la tele anche se non mi piace
ma registro tutto quello che piace a te
faccio tutto per te
perché ti voglio bene
perché mi vuoi bene
perché ti voglio bene

Frego la macchina di mio padre
e corro a prenderti a scuola
faccio tutto per te, tutto per te

E sabato sera andiamo a ballare
anche se non sono capace
sei brava tu
faccio tutto per te
perché ti voglio bene
perché mi vuoi bene
perché ti voglio bene

Mi piace mi piace
quando tu sei felice
ci piace ci piace quando siamo felici
mi piace mi piace quando perdo la voce
perché ti urlo che sei bella
quando tu sei felice

Imparo a memoria le favole per raccontartele
faccio tutto per te, tutto per te

E quando è il momento di fare l'amore
è bello lasciarsi andare
insieme a te
farei tutto per te
perché ti voglio bene
perché mi vuoi bene
perché ti voglio bene

Mi piace mi piace
quando tu sei felice
ci piace ci piace quando siamo felici
mi piace mi piace quando perdo la voce
perché ti urlo che sei bella
quando tu sei felice
Mi piace mi piace
quando tu sei felice
ci piace ci piace quando siamo felici
mi piace mi piace quando tu sei felice
ci piace ci piace quando siamo felici

Mi piace (A. Salerno - L. Barsotti)
(P) 1996 PPM Dischi Edizioni Musicali

6 Cerca queste espressioni nel testo e poi metti una X sul significato giusto.

registro
- [ ] a) copio su una videocassetta
- [ ] b) telefono con il cellulare

ti voglio bene
- [ ] c) sono arrabbiato con te
- [ ] d) ti amo

non sono capace
- [ ] e) non ho soldi
- [ ] f) non sono bravo

perdo la voce
- [ ] g) non ho più voce, non riesco più a parlare
- [ ] h) sono stanco, voglio dormire

urlo
- [ ] i) grido, parlo molto forte
- [ ] l) leggo

imparo a memoria
- [ ] m) dimentico, non ricordo
- [ ] n) studio, memorizzo

favole
- [ ] o) storie fantastiche, storie per bambini
- [ ] p) cose da mangiare

lasciarsi andare
- [ ] q) rilassarsi
- [ ] r) andare via, partire

53

MI PIACE

7 Rileggi bene il testo della canzone e rispondi alle domande. Poi confrontati con un compagno.

- Di quante persone parla la canzone?
- Che rapporto c'è tra loro?
- Secondo te, quanti anni hanno?
- Cosa fanno (studiano, lavorano, ecc.)?

8 Scrivi 5 cose che ti piace fare e 5 cose che non ti piace fare. Poi discuti con un compagno e spiega perché.

mi piace...

non mi piace...

9 Completa la tabella del verbo "piacere" con i pronomi "ci" - "mi" - "vi" - "le" - "ti".

VERBO PIACERE				
(a me)	_____	piace	il cinema
(a te)	_____	piace	il teatro
(a lui)	**gli**	piace	dormire
(a lei)	_____	piace	la cucina italiana
(a noi)	_____	piace	la musica rock
(a voi)	_____	piace	ballare
(a loro)	**gli**	piace	andare al mare

54

10 Completa le frasi con i pronomi.

a) Paola è contenta; il suo nuovo lavoro _____ piace molto.

b) "_____ piace il rock?" "No, preferisco il jazz."

c) "Tu abiti a Roma, vero?" "Sì, ma vorrei vivere in un'altra città. Roma non _____ piace, c'è troppa confusione."

d) "Allora, ragazzi: cosa volete mangiare? _____ piace il pesce?"

e) La sera Marco non esce mai: _____ piace stare in casa, a leggere e a guardare la tv.

f) Io e mia moglie abbiamo gli stessi gusti: _____ piace la cucina vegetariana, lo yoga e la campagna.

g) I signori Bianchini sono sempre puntuali, non _____ piace arrivare in ritardo.

h) Io amo il silenzio, _____ piacciono le persone che parlano poco.

i) "Parliamo di donne: _____ piacciono le bionde o le brune?" "Mi piacciono tutte: le brune, le bionde e anche le rosse!"

11 Cosa fai il sabato sera? Parla con i tuoi compagni. Poi scrivete alla lavagna una lista con le abitudini della classe.

12 Gioco a squadre.
Formate delle squadre. Dovete convincere il vostro insegnante a passare una serata con voi. Preparate delle domande per scoprire i suoi gusti. Poi, in base alle sue risposte, organizzate un programma e proponeteglielo. Potete fare tutto, non avete problemi di soldi! Alla fine l'insegnante sceglierà la squadra con la proposta più interessante.

MI PIACE

13 Completa il testo. Poi ascolta la canzone (più volte, se necessario) e verifica.

Giro i negozi
e _____ le cose più belle del mondo
faccio tutto per te, tutto per te

_____ la tele anche se non mi piace
ma registro tutto quello che piace a te
faccio tutto per te
perché _____
perché _____
perché _____

Frego la macchina di _____
e corro a prenderti a scuola
faccio tutto per te, tutto per te

E sabato sera andiamo a _____
anche se non sono _____
sei brava tu
faccio tutto per te
perché _____
perché _____
perché _____

Mi piace mi piace
quando tu _____
ci piace ci piace quando _____
mi piace mi piace quando perdo la voce
perché ti urlo che _____
quando tu _____

Imparo a memoria le _____ per raccontartele
faccio tutto per te, tutto per te

E quando è il momento di fare l'amore
è bello lasciarsi andare
insieme a te
farei tutto per te
perché _____
perché _____
perché _____

Mi piace mi piace
quando tu _____
ci piace ci piace quando _____
mi piace mi piace quando perdo la voce
perché ti urlo che _____
quando tu _____
Mi piace mi piace
quando tu _____
ci piace ci piace quando _____
mi piace mi piace quando tu _____
ci piace ci piace quando _____

LEANDRO BARSOTTI

14 Karaoke. Formate 3 gruppi; ogni gruppo lavora su 2 strofe della canzone e sul ritornello. Poi cantate la canzone (ogni gruppo le proprie strofe, tutti insieme il ritornello).

15 Leggi l'articolo, poi completa la tabella.

Un'indagine dell'Istat sul tempo libero
Gli svaghi preferiti dagli italiani

Cosa piace fare agli italiani nel tempo libero? Secondo un'indagine dell'Istat, per quanto riguarda gli svaghi fuori casa, il cinema è in testa con il 47,3% dei consensi. Le discoteche, 25%, sono precedute a sorpresa da musei e mostre: 26,7%. Quanto alla musica, quella leggera si attesta al quarto posto, con il 17% delle preferenze, mentre quella classica è in coda alla classifica con il 7,9%, preceduta anche dagli spettacoli teatrali, che raggiungono un buon 16%.

Ma il tempo libero è fatto anche di svaghi "casalinghi": di televisione ad esempio, che almeno due o tre giorni alla settimana occupa le vite degli italiani nel 95% dei casi. Segue la radio, con il 62,6% di preferenze, con una forte prevalenza di giovani e di donne. E la lettura? Come sappiamo, l'Italia è uno dei Paesi dove si legge meno: solo il 57,8% degli italiani dichiara di leggere un quotidiano almeno una volta alla settimana. Ancora peggio va per i libri: in questo caso i lettori non superano il 42%, e tra questi poco meno della metà legge più di un libro all'anno.

(da "La Repubblica")

Cosa piace fare agli italiani nel tempo libero?

fuori casa	%
andare a ballare	....
andare a un concerto di musica classica	....
andare a un concerto di musica pop, rock, ecc.	....
andare al cinema	47,3
andare a teatro	....
visitare mostre e musei	....
in casa	**%**
ascoltare la radio	....
guardare la tv	95
leggere un libro	....
leggere il giornale	....

16 E nel tuo Paese? Quali sono gli svaghi preferiti? Parlane con i compagni.

57

MI PIACE

17 Rileggi il testo della canzone e sottolinea tutti i pronomi. Poi completa la tabella con un compagno.

pronomi diretti	pronomi indiretti	pronomi combinati (diretti + indiretti)	pronomi dopo preposizione	altri pronomi
	mi piace		per **te**	

18 Ora trasforma il testo della canzone alla III persona maschile singolare (lui), come nell'esempio. Attento ai verbi e ai pronomi!

Gira i negozi
e compra le cose più belle del mondo
fa tutto per lei, tutto per lei
Guarda la tele anche se non…

7. PORTA PORTESE
Claudio Baglioni

PORTA PORTESE

difficoltà linguistica:	**
contenuti grammaticali:	passato prossimo
contenuti comunicativi:	fare acquisti, contrattare, raccontare fatti passati, chiedere e dare spiegazioni
contenuti culturali:	acquisti, mercati dell'usato, Roma
genere musicale:	ballata folk

CLAUDIO BAGLIONI

Chi è - È uno dei più popolari cantautori italiani. Nato a Roma nel 1951, è stato per molti anni l'idolo di tantissimi adolescenti (soprattutto ragazze) che si riconoscevano nelle sue canzoni romantiche e sentimentali. Suona la chitarra e il pianoforte.

La sua musica - I suoi modelli sono i cantautori degli anni 60 (Gino Paoli), ma anche la musica popolare e le grandi melodie della musica classica. I testi delle sue canzoni più famose raccontano con semplicità e tenerezza gli amori giovanili e le timidezze adolescenziali. Nel periodo del suo maggior successo (anni 70 e 80), i suoi concerti negli stadi diventano dei veri riti collettivi, con migliaia di giovani che cantano insieme a lui brani ormai classici come "Questo piccolo grande amore", "Sabato pomeriggio", "E tu come stai?". All'inizio degli anni 90 la sua musica si apre a influenze diverse: il blues, il rock, i ritmi africani e latini. I testi diventano più ermetici, ricchi di metafore e di giochi di parole.

Curiosità - Ama fare concerti a sorpresa in piccoli locali, sugli autobus, sui camion. Nel 1998 si traveste da barbone e canta con la chitarra per le strade di Napoli. Nessuno lo riconosce e alla fine riesce a raccogliere solo 12.500 lire. Negli ultimi anni ha partecipato ad alcune trasmissioni televisive di grande successo, rivelando uno spirito leggero ed autoironico.

Porta Portese - È una delle sue prime e più conosciute canzoni, contenuta nell'album del 1972 "Questo piccolo grande amore". In questa ballata dal ritmo allegro e dal sapore dolce-amaro, Baglioni unisce la vena tradizional-popolare (la vecchia Roma, i venditori, il mercato di Porta Portese) con quella sentimentale (l'amore tra ragazzi, il tradimento).

CANTA CHE TI PASSA

1 Leggi questa guida ai mercati di Roma e poi completa la tabella a pag. 61.

MERCATO DI PORTA PORTESE
Piazza di Porta Portese (Trastevere) o Piazza Ippolito Nievo (Viale Trastevere)

È il mercato più grande e famoso di Roma. Nato dopo la seconda guerra mondiale, si svolge nella popolare zona di Trastevere la domenica mattina (dalle 5.00 alle 14.00). Girando per le bancarelle si trovano oggetti di ogni parte del mondo, mobili, quadri, vestiti, libri, biciclette, moto, merci nuove ed usate di ogni genere. Potete incontrare anche venditori russi (e non solo) che offrono di tutto, in particolare dischi, orologi e macchine fotografiche. Caratteristico ed affascinante, questo luogo mantiene viva in sé ancora la Roma di un tempo. Certo non è il tipico shopping che potete fare nelle vie del centro della città, ma non è meno interessante. A Porta Portese si trova davvero di tutto, basta chiedere! E ricordate: i migliori affari si fanno la mattina presto, quando le folle di romani e di turisti ancora non hanno invaso le vie del popolare mercato.

MERCATO DI VIA SANNIO
Via Sannio (San Giovanni)

Questo mercatino, conosciuto dalla maggior parte dei romani, offre al visitatore una grande varietà di merci nuove ed usate, come è caratteristica di questi pittoreschi luoghi: vestiti, scarpe, borse, zaini, oggetti per la casa e per la cucina, tutto a prezzi molto convenienti. Naturalmente, se si vuole risparmiare, bisogna contrattare un po' sul prezzo, ma questa è un'usanza tipica di tutti i mercati dell'usato; infatti non è difficile assistere a scene animate e divertenti di gente che discute, urla, litiga, come in una specie di teatro all'aperto! Il mercato è aperto tutti i giorni, esclusa la domenica, dalle 7.00 alle 14.00.

MERCATO DELL'ANTIQUARIATO DI FONTANELLA BORGHESE
Piazza Borghese (centro di Roma)

È molto piccolo, quattro file di banchetti, sempre gli stessi, da tantissimi anni, ma vale senz'altro la pena visitarlo. Aperto tutti i giorni, compresa la domenica, è situato nel pieno centro della città. Vi si possono trovare libri, antichi gioielli, oggetti di inizio secolo. Ma è soprattutto per le stampe che questo mercato è giustamente famoso, da quelle antiche di gran valore (e prezzo) a quelle più moderne, a graziose acquetinte e acqueforti a prezzi ragionevoli. Orario: dalle 8.00 alle 14.00.

MERCATINO DELL' USATO A SAN PAOLO FUORI LE MURA
Via Baldelli (Portuense)

Ogni settimana, in giornate diverse, il piazzale di fronte alla basilica viene occupato da mobili, abiti, elettrodomestici, biciclette, motorini, libri e molto altro ancora offerti al pubblico a prezzi molto bassi. I giorni di apertura sono il martedì e il giovedì dalle 15.00 alle 19.00, il sabato dalle 9.00 alle 19.00.

MERCATO DI PONTE MILVIO
Lungo il Tevere, fino a Ponte Milvio

Uno dei mercatini romani più particolari è quello che si svolge la prima domenica di ogni mese nella zona di Ponte Milvio. Nelle circa 150 bancarelle si trovano pizzi antichi, orologi, mobili, abbigliamento country, quadri e oggetti navali (come lampade e bussole stile "Titanic"). L'orario è dalle 10.00 alle 19.30.

da "Guida di Roma online - I mercati all'aperto"

CLAUDIO BAGLIONI

I MERCATI DI ROMA

	quando c'è	cosa si vende
MERCATO DI PORTA PORTESE		
MERCATO DI VIA SANNIO		
MERCATO DELL'ANTIQUARIATO DI FONTANELLA BORGHESE		
MERCATINO DELL'USATO A SAN PAOLO FUORI LE MURA		
MERCATO DI PONTE MILVIO		

2 Vai spesso nei mercati dell'usato? Cosa cerchi? Qual è la cosa più strana o più particolare che hai comprato? Ti ricordi di un acquisto sbagliato? Forma un gruppo con alcuni compagni e parlane con loro.

3 Ascolta la canzone e fai delle ipotesi sul titolo: quale può essere?

61

PORTA PORTESE

4 Ascolta di nuovo la canzone: secondo te, che tipo di storia racconta? Scegli nella colonna di sinistra la risposta che ti sembra più adatta e scrivi una spiegazione nella colonna di destra.

Che tipo si storia racconta la canzone?	Spiegazione
☐ una storia triste	
☐ una storia allegra	
☐ una storia prima triste poi allegra	
☐ una storia prima allegra poi triste	

Un mercato romano

CLAUDIO BAGLIONI

5 Completa il testo con le parole della lista. Poi confrontati con un compagno. Alla fine ascolta la canzone e verifica.

È _____ mattina
si è svegliato già _____,
in licenza son tornato e sono qua,
per comprarmi dei _____
al posto di questa divisa
e stasera poi le faccio una sorpresa...

C'è la vecchia che ha sul banco
foto di Papa Giovanni,
lei sta qui da _____
o forse più...
e _____ han visto re,
scannati, ricchi ed impiegati,
capelloni, ladri, artisti e *figli di...* *
e figli di...

Porta Portese Porta Portese Porta Portese cosa avrai di più?...

Vado avanti a gomitate
tra _____ che si affolla...
*le patacche che ti ammolla
quello là*...
ci ha di tutto: pezzi d'auto,
spade antiche, quadri falsi
e _____ nuda di Brigitte Bardot
Brigitte Bardot

Porta Portese Porta Portese Porta Portese cosa avrai di più?...

Tutti rotti quei calzoni,
sì va be' che è roba usata,
ma chissà chi l'ha portata...
"_____ vuoi?"
Quella lì... non è possibile che è lei
insieme a un altro...
non è certo suo _____ quello
e se l'è scelto proprio bello,
ci son cascato come un pollo... io...

"A rega' che hai fatto?
Ma 'sti carzoni li voi o nun li voi?"***

Porta Portese Porta Portese Porta Portese cosa avrai tu?...
Porta Portese Porta Portese Porta Portese cosa avrai tu?...
Porta Portese Porta Portese Porta Portese cosa avrai di più?...

*Espressione offensiva.
**Dialetto romano: quell'uomo ti dà (ti ammolla) cose di cattiva qualità (patacche).
***Dialetto romano: "Ragazzo, che hai fatto? Ma questi pantaloni li vuoi o non li vuoi?"

I SUOI OCCHI
BLUE JEANS
LA GENTE
LA FOTO
DOMENICA
QUARANT'ANNI
FRATELLO
QUANTO
IL MERCATO

63

PORTA PORTESE

6 Cerca queste espressioni nel testo e poi metti una X sul significato giusto.

in licenza
- [ ] a) periodo di vacanza durante il servizio militare
- [ ] b) in macchina

divisa
- [ ] c) il vestito dei militari
- [ ] d) radio

banco
- [ ] e) grande ufficio pubblico
- [ ] f) tavolo dove sono esposte le cose in vendita

scannati
- [ ] g) scarpe che si usano d'estate
- [ ] h) povera gente, disperati, poveracci

capelloni
- [ ] i) ragazzi con i capelli lunghi, hyppies
- [ ] l) uomini senza capelli

a gomitate
- [ ] m) con l'aiuto delle braccia
- [ ] n) in silenzio

rotti
- [ ] o) bucati, molto vecchi
- [ ] p) nuovi, eleganti

ci son cascato come un pollo
(inf. cascare)
- [ ] q) cadere in un inganno, credere a qualcosa come uno stupido
- [ ] r) fare qualcosa di molto intelligente

7 Ora rileggi bene il testo della canzone e scegli le risposte giuste. Poi scrivi nella colonna di destra le frasi del testo che giustificano le tue risposte.

Domanda	Frase del testo
1) In che giorno il ragazzo va a Porta Portese? ☐ il lunedì ☐ il martedì ☐ il sabato mattina ☐ la domenica	
2) Perché il ragazzo va al mercato? ☐ perché vuole comprare una divisa ☐ perché vuole comprare dei pantaloni ☐ perché vuole comprare la foto di Brigitte Bardot ☐ perché vuole parlare con una vecchia signora	
3) Chi incontra il ragazzo a Porta Portese? ☐ il fratello ☐ il fratello con la fidanzata ☐ la sua fidanzata con un altro ragazzo ☐ il fratello con la sorella	

64

CLAUDIO BAGLIONI

8 Leggi una delle due istruzioni e inventa un dialogo insieme a un compagno.

Studente A
Sei andato al mercato per comprare un paio di pantaloni. Hai trovato quelli che ti piacciono, ma il prezzo è molto alto e tu non hai i soldi. Discuti con il venditore (studente B) per abbassare il prezzo.

Studente B
Vendi vestiti nuovi ed usati al mercato. Un cliente (studente A) vuole comprare un paio di pantaloni, ma discute per abbassare il prezzo. Tu cerchi in tutti i modi di convincerlo che quello è il prezzo giusto.

9 Cerca nel testo della canzone i seguenti verbi al passato prossimo e scrivili qui sotto accanto alla forma dell'infinito.

svegliarsi _____	vedere _____
tornare _____	portare _____
scegliersi _____	fare _____
cascare _____	

È domenica mattina
si è svegliato già il mercato,
in licenza son tornato e sono qua,
per comprarmi dei blue jeans
al posto di questa divisa
e stasera poi le faccio una sorpresa...

C'è la vecchia che ha sul banco
foto di Papa Giovanni,
lei sta qui da quarant'anni
o forse più...
e i suoi occhi han visto re,
scannati, ricchi ed impiegati,
capelloni, ladri, artisti e figli di...
e figli di...

Porta Portese Porta Portese Porta Portese
cosa avrai di più?...

Vado avanti a gomitate
tra la gente che si affolla...
le patacche che ti ammolla
quello là...
ci ha di tutto: pezzi d'auto,
spade antiche, quadri falsi
e la foto nuda di Brigitte Bardot
Brigitte Bardot

Porta Portese Porta Portese Porta Portese
cosa avrai di più?...

Tutti rotti quei calzoni,
sì va be' che è roba usata,
ma chissà chi l'ha portata...
"Quanto vuoi?"
Quella lì... non è possibile che è lei
insieme a un altro...
non è certo suo fratello quello
e se l'è scelto proprio bello,
ci son cascato come un pollo... io...

"A rega' che hai fatto?
Ma 'sti carzoni li voi o nun li voi?"

Porta Portese Porta Portese Porta Portese
cosa avrai tu?...
Porta Portese Porta Portese Porta Portese
cosa avrai tu?...
Porta Portese Porta Portese Porta Portese
cosa avrai di più?...

Porta Portese (C. Baglioni - A. Coggio)
(P) 1972 BMG Ricordi S.p.A.

PORTA PORTESE

10 Osserva le forme del passato prossimo che hai scritto nella tabella dell'attività precedente. Che differenza c'è tra i verbi della prima colonna e quelli della seconda? Discuti con un compagno.

11 Completa la coniugazione del passato prossimo.

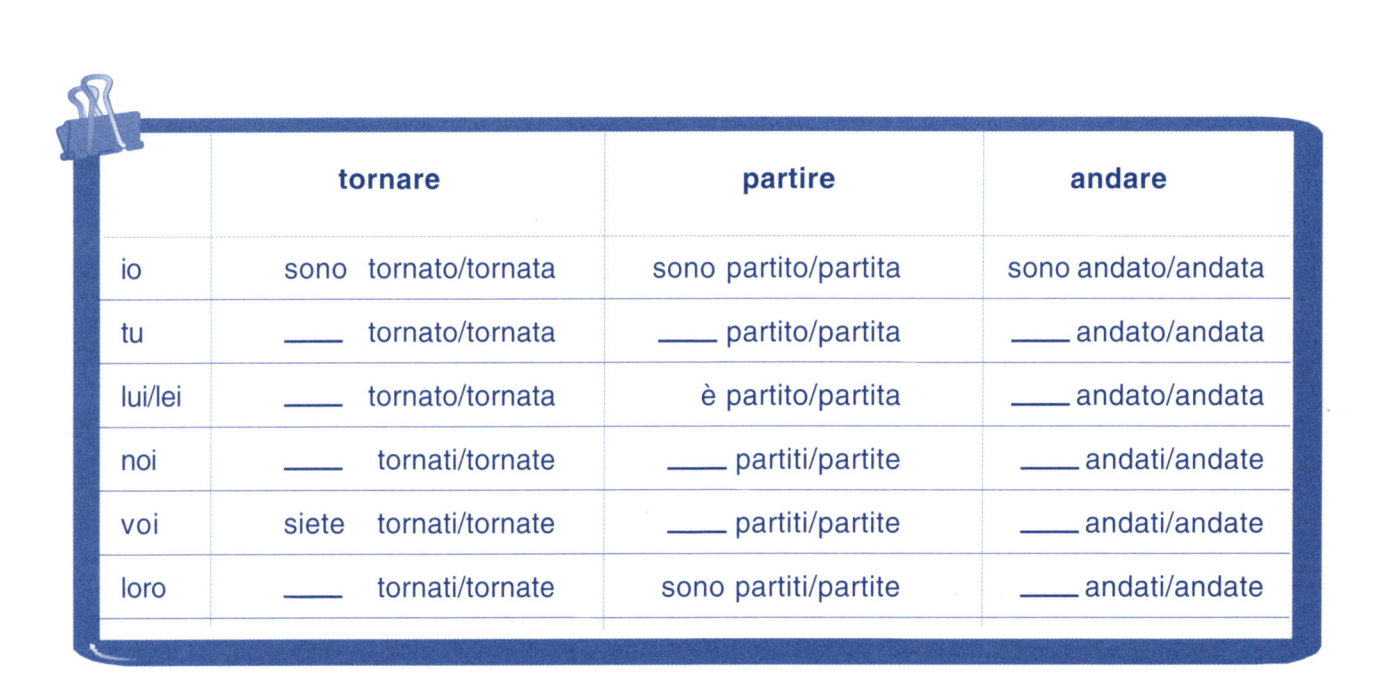

	vedere	fare	portare
io	ho visto	_____ fatto	_____ portato
tu	_____ visto	_____ fatto	_____ portato
lui/lei	_____ visto	_____ fatto	_____ portato
noi	abbiamo visto	_____ fatto	_____ portato
voi	_____ visto	_____ fatto	_____ portato
loro	_____ visto	hanno fatto	_____ portato

	tornare	partire	andare
io	sono tornato/tornata	sono partito/partita	sono andato/andata
tu	____ tornato/tornata	____ partito/partita	____ andato/andata
lui/lei	____ tornato/tornata	è partito/partita	____ andato/andata
noi	____ tornati/tornate	____ partiti/partite	____ andati/andate
voi	siete tornati/tornate	____ partiti/partite	____ andati/andate
loro	____ tornati/tornate	sono partiti/partite	____ andati/andate

CLAUDIO BAGLIONI

12 Guarda questi disegni e leggi cosa dicono i personaggi: che differenza c'è tra il passato prossimo con il verbo avere e quello con il verbo essere? Sai trovare la regola? Discuti con i compagni.

IERI SERA SONO ANDATO AL CINEMA E HO VISTO UN BEL FILM.

IERI SERA SONO ANDATA AL CINEMA E HO VISTO UN BEL FILM.

IERI SERA SIAMO ANDATI AL CINEMA E ABBIAMO VISTO UN BEL FILM.

IERI SERA SIAMO ANDATE AL CINEMA E ABBIAMO VISTO UN BEL FILM.

PORTA PORTESE

13 Coniuga i verbi al passato prossimo e completa il testo. Attenzione: nelle linee _____ l'ausiliare è "essere", nelle linee _____ l'ausiliare è "avere".

Domenica mattina il ragazzo (tornare) _____ a Roma e (andare) _____ al mercato di Porta Portese per comprarsi dei blue jeans. (Camminare) _____ in mezzo alla gente e poi (fermarsi) _____ davanti ad un banco pieno di cose: pezzi d'auto, spade antiche, quadri falsi... Qui (trovare) _____ dei pantaloni usati e (domandare) _____ il prezzo. Ma in quel momento (alzare) _____ gli occhi e (vedere) _____ la sua fidanzata insieme a un altro. Alla fine, non (comprare) _____ più i pantaloni.

14 Riscrivi il testo dell'attività 13 cambiando il soggetto secondo le istruzioni a, b, c.

a) il ragazzo → la ragazza.

Es.: Domenica mattina la ragazza...

(Attenzione: la frase "la sua fidanzata insieme a un altro" diventa "il suo fidanzato insieme a un'altra").

b) il ragazzo → i due ragazzi.

Es.: Domenica mattina i due ragazzi...

(Attenzione: la frase "la sua fidanzata insieme a un altro" diventa "le loro fidanzate insieme ad altri ragazzi").

c) il ragazzo → le due ragazze.

Es.: Domenica mattina le due ragazze...

(Attenzione: la frase "la sua fidanzata insieme a un altro" diventa "i loro fidanzati insieme ad altre ragazze").

CLAUDIO BAGLIONI

15 Completa le parole crociate.

Orizzontali →

2 "A che ora ti ..... svegliato stamattina?"
3 Associazione Farmacisti.
5 Maria ha (dare) ..... il suo numero di telefono a Carlo.
7 "Ciao Rita, come .....?"
9 Oggi non ho mangi.... niente.
10 Ieri Aldo è (uscire) ..... di casa alle otto di mattina ed è tornato alle otto di sera.
12 Un camion molto grande.
13 Oggi i bambini ..... giocato in giardino.
15 Ho fin.....di lavorare un'ora fa.
17 L'anno scorso Silvia è and..... in vacanza ai Caraibi.
18 Un po' di silenzio, per favore, ... lavorando!
19 Mi devi credere, ti ho (dire) ..... la verità!
21 A Venezia ho compr..... molti souvenir per i miei amici.
22 Il treno è part..... con un'ora di ritardo.
23 Io faccio, tu fai, lui .....

Verticali ↓

1 Marco è (nascere) .....o a Roma il 9 gennaio 1984.
2 Io ....., tu sai, lui sa.
3 Sabato sera io e mio fratello siamo and..... in discoteca.
4 "Che cosa avete (fare) ..... domenica scorsa?"
5 John è americano, viene ..... New York.
6 Ieri Paolo è (tornare) ..... a casa in bicicletta.
7 Dante ha (scrivere) ..... "La divina commedia".
8 ....., tu, lui, lei, noi, voi, loro.
10 Oggi a colazione ho bev..... solo un caffè.
11 Il contrario di "no".
13 Ieri Claudia ..... dormito tutto il giorno.
14 Associazione Toscana.
16 Totale.
18 Nel gioco del tennis si chiama così la parte di un incontro.
19 Abito a Roma, ma sono ..... Napoli.
20 La preposizione "di" in inglese.

PORTA PORTESE

16 Insieme a un compagno, scegli alcune parole dai quattro contenitori e inventa una storia da raccontare alla classe. Attenzione: i verbi vanno coniugati al passato prossimo; tra parentesi è indicato l'ausiliare da usare (e = essere; a = avere).

quando	chi	cosa	dove
ieri	il signor Bertoni	andare (e)	mercato
la settimana scorsa	i signori Paoletti	aspettare (a)	banca
sabato scorso	la vecchia signora	chiamare (a)	stazione
domenica scorsa	il bambino	comprare (a)	aeroporto
il mese scorso	la mamma	dare (a)	cinema
due giorni fa	Lucia	dire (a)	bar
ieri mattina	il musicista	domandare (a)	mare
ieri sera	il portiere	entrare (e)	scuola
stanotte	il barista	fare (a)	casa
poi	il cameriere	incontrare (a)	cucina
dopo	la donna delle pulizie	leggere (a)	camera da letto
più tardi	l'assassino	mangiare (a)	bagno
prima	la polizia	morire (e)	ufficio
un'ora fa	il gatto	partire (e)	albergo
		portare (a)	ristorante
		prendere (a)	autobus
		rispondere (a)	treno
		scappare (e)	aereo
		scrivere (a)	
		svegliarsi (e)	
		telefonare (a)	
		tornare (e)	
		trovare (a)	
		uccidere (a)	
		uscire (e)	
		vedere (a)	
		venire (e)	

17 Ritorno al passato. Gioco a squadre. Le istruzioni sono a pag. 159.

e infine a mezzanotte è andato a letto.
↓
....
↓
....
↓
....
↓
Ieri mattina il signor Melandri si è alzato alle 8.00

70

CLAUDIO BAGLIONI

18 Completa il testo con i verbi al passato prossimo. Poi ascolta la canzone e verifica.

È domenica mattina
(svegliarsi) _____ già il mercato,
in licenza (tornare) _____ e sono qua,
per comprarmi dei blue jeans
al posto di questa divisa
e stasera poi le faccio una sorpresa...

C'è la vecchia che ha sul banco
foto di Papa Giovanni,
lei sta qui da quarant' anni
o forse più...
e i suoi occhi (vedere) _____ re,
scannati, ricchi ed impiegati,
capelloni, ladri, artisti e figli di...
e figli di...

Porta Portese Porta Portese Porta Portese cosa avrai di più?...

Vado avanti a gomitate
tra la gente che si affolla...
le patacche che ti ammolla
quello là...
ci ha di tutto: pezzi d'auto,
spade antiche, quadri falsi
e la foto nuda di Brigitte Bardot
Brigitte Bardot

Porta Portese Porta Portese Porta Portese cosa avrai di più?...

Tutti rotti quei calzoni,
sì va be' che è roba usata,
ma chissà chi l'ha portata...
"Quanto vuoi?"
Quella lì... non è possibile che è lei
insieme a un altro...
non è certo suo fratello quello
e se l'(scegliere) _____ proprio bello,
ci (cascare) _____ come un pollo... io...

"A rega' che (fare) _____?
Ma 'sti carzoni li voi o nun li voi?"

Porta Portese Porta Portese Porta Portese cosa avrai tu?...
Porta Portese Porta Portese Porta Portese cosa avrai tu?...
Porta Portese Porta Portese Porta Portese cosa avrai di più?...

PORTA PORTESE

19 Karaoke. Gioco a squadre. Canta la canzone con la tua squadra. Attenzione: a un certo punto la musica andrà via; vince la squadra che riuscirà a tenere meglio il tempo (vedi le istruzioni a pag. 159).

20 Leggi una delle tre istruzioni e inventa un dialogo insieme a due compagni.

Studente A
Sei il ragazzo della canzone. Sei andato al mercato per comprare un paio di pantaloni. All'improvviso incontri la tua fidanzata (studente B) insieme a un altro (studente C). Sei molto geloso. Cosa dici?

Studente B
Sei la ragazza della canzone. Sei andata al mercato con la tua ultima conquista (studente C). Il tuo fidanzato "ufficiale" (studente A) sta facendo il servizio militare e non sa niente. All'improvviso lo incontri: ti chiede delle spiegazioni, è molto geloso. Cosa dici?

Studente C
Sei andato al mercato con la tua nuova ragazza (studente B). All'improvviso lei incontra qualcuno che dice di essere il suo fidanzato (studente A). Tu ti arrabbi, perché lei non ti aveva detto di avere un'altra relazione. Cosa dici?

8. LA GATTA
Gino Paoli

LA GATTA

difficoltà linguistica:	**
contenuti grammaticali:	imperfetto
contenuti comunicativi:	raccontare situazioni e fatti passati, descrivere un'abitazione, descrivere l'aspetto fisico di persone e animali
contenuti culturali:	casa, animali domestici
genere musicale:	canzone d'autore

GINO PAOLI

Chi è - È uno dei cantautori più importanti della musica leggera italiana. È considerato genovese, ma è nato nel 1934 a Monfalcone, in provincia di Gorizia. Oltre ad essere un musicista, è stato anche pittore, grafico pubblicitario e deputato del partito comunista. È padre di quattro figli.

La sua musica - Insieme a Luigi Tenco, Fabrizio De André, Bruno Lauzi e Umberto Bindi, Gino Paoli è uno degli esponenti della *scuola genovese*, che negli anni 60 dà origine alla *canzone italiana d'autore*, in cui il cantante è anche l'autore dei testi (*cantautore*). Le canzoni dei cantautori sono delle vere poesie che esprimono in musica sentimenti e fatti della vita reale.
Le canzoni di Paoli sono state cantate da molti artisti: Gianni Morandi, Ornella Vanoni, Mina, Zucchero, Gilbert Bécaud, Paul Anka, Dean Martin, Dalida. Della canzone "Senza fine" esistono nel mondo circa 300 versioni. "Il cielo in una stanza" cantata da Mina e "Sapore di sale" sono dei classici della canzone italiana. Ultimo suo grande successo il brano "Quattro amici".

Curiosità - Spirito ribelle e anticonformista, nel 1963 ha tentato il suicidio sparandosi al cuore. Ha sempre avuto molte donne; famosa è la sua storia d'amore con Ornella Vanoni, per la quale ha scritto "Senza fine", e quella con l'attrice Stefania Sandrelli, per la quale ha scritto "Sapore di sale".

La gatta - È il brano che fa conoscere Gino Paoli come cantautore. Il testo è autobiografico e racconta di una soffitta sul mare dove Paoli viveva da bohémien con la moglie, la figlia e vari animali, tra cui una gatta. Quando esce, nel 1960, il disco vende solo 119 copie; più tardi viene riproposto e diventa un successo da 100.000 copie a settimana.

CANTA CHE TI PASSA

1 Ascolta più volte l'inizio della canzone (solo i primi 10 secondi di introduzione musicale, non di più!) e scrivi tutto quello che la musica ti suggerisce. Usa la fantasia!

animali	colori	luoghi	sensazioni

2 Ora confronta la tua tabella con quella di un compagno. Analizzate i punti in comune e le differenze.

GINO PAOLI

3 Questo è il testo della canzone. Le 4 strofe sono in disordine. Riordinale, dando a ognuna il numero giusto.

n° ...

Ma, io ripenso a una gatta
che aveva una macchia nera sul muso
a una vecchia soffitta vicino al mare
con una stellina, che ora non vedo più.

n° ...

Ora non abito più là,
tutto è cambiato non abito più là.
Ho una casa bellissima, bellissima
come vuoi tu.

n° ...

C'era una volta una gatta
che aveva una macchia nera sul muso
e una vecchia soffitta vicino al mare
con una finestra a un passo dal cielo blu.

n° ...

Se la chitarra suonavo
la gatta faceva le fusa e una
stellina scendeva vicina vicina
poi mi sorrideva e se ne tornava su.

4 Ascolta la canzone <u>senza guardare il testo</u>. Poi verifica l'ordine delle 4 strofe.

LA GATTA

5 Ora ascolta la canzone mentre leggi il testo.

1
C'era una volta una gatta
che aveva una macchia nera sul muso
e una vecchia soffitta vicino al mare
con una finestra a un passo dal cielo blu.

2
Se la chitarra suonavo
la gatta faceva le fusa e una
stellina scendeva vicina vicina
poi mi sorrideva e se ne tornava su.

3
Ora non abito più là,
tutto è cambiato non abito più là.
Ho una casa bellissima, bellissima come vuoi tu.

4
Ma, io ripenso a una gatta
che aveva una macchia nera sul muso
a una vecchia soffitta vicino al mare
con una stellina, che ora non vedo più.

(ripete 3 e 4)

La gatta (Gino Paoli) / (P) 1960 BMG Ricordi S.p.A.

6 Cerca nel testo le seguenti espressioni. Poi collegale all'immagine che ne spiega il significato.

1) macchia
2) muso
3) soffitta
4) fare le fusa
5) stellina

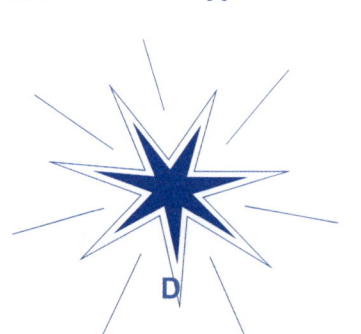

A
B
C
D
E

GINO PAOLI

7 Com'era prima la casa del cantante? Com'è adesso? Rileggi il testo della canzone e prova a disegnare le 2 case. Poi confronta i tuoi disegni con quelli di un compagno.

disegno 1 - com'era prima

disegno 2 - com'è adesso

8 E la tua casa com'è? Descrivila a un compagno.

77

LA GATTA

9 Rileggi il testo della canzone e sottolinea tutti i verbi.

10 Scrivi al posto giusto nella tabella i verbi che hai sottolineato.

presente	imperfetto	passato prossimo

11 Quale tempo è più usato nella canzone? Perché?

12 Osserva i 7 verbi all'imperfetto. Uno di loro descrive un modo di essere. Qual è?

13 Completa la coniugazione dell'imperfetto con i verbi della lista.

faceva - facevano - eravate - eri - dormivamo - dormivo - facevi - erano - avevamo
dormiva - eravamo - dormivate - aveva - avevano - facevo - dormivano - avevo
facevate - dormivi - era - avevate - facevamo - avevi - ero

	suon**are**	av**ere**	dorm**ire**	essere	fare
io	suon**avo**				
tu	suon**avi**				
lui/lei	suon**ava**				
noi	suon**avamo**				
voi	suon**avate**				
loro	suon**avano**				

78

GINO PAOLI

14 Insieme a un compagno, guarda le foto dei cantanti e descrivi com'erano prima e come sono adesso.

GINO PAOLI

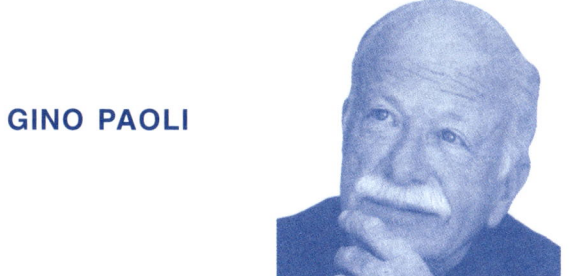

com'era — com'è

JOVANOTTI

com'era — com'è

CLAUDIO BAGLIONI

com'era — com'è

ANTONELLO VENDITTI

com'era — com'è

79

LA GATTA

15 Com'eri tu da bambino? Cosa facevi? Scrivi alcune righe. Poi scambia il tuo testo con quello di un compagno e prova a correggerlo.

16 Coniuga i verbi all'imperfetto e mettili al posto giusto nel testo. Poi confrontati con un compagno. Alla fine ascolta la canzone e verifica.

avere - essere
C'_____ una volta una gatta
che _____ una macchia nera sul muso
e una vecchia soffitta vicino al mare
con una finestra a un passo dal cielo blu.

fare - tornare - scendere - suonare - sorridere
Se la chitarra _____
la gatta _____ le fusa e una
stellina _____ vicina vicina
poi mi _____ e se ne _____ su.

Ora non abito più là,
tutto è cambiato non abito più là.
Ho una casa bellissima, bellissima come vuoi tu.

avere
Ma, io ripenso a una gatta
che _____ una macchia nera sul muso
a una vecchia soffitta vicino al mare
con una stellina, che ora non vedo più.

80

GINO PAOLI

17 Metti al posto giusto i verbi della tabella e completa l'articolo. Attenzione: nelle linee _____ vanno i verbi all'imperfetto, nelle linee _____ vanno i verbi al passato prossimo.

imperfetto	passato prossimo
abitava	è morto
andava	è ritornata
aveva	è scappata
avevano	è successo
avevo	
era	

Gatta ritorna a casa dopo otto anni di assenza.

È stata lontana da casa per otto anni. Ma ieri ha ritrovato il luogo dove _____ la sua padrona e così è ritornata da lei insieme al nuovo compagno e a tre cuccioli. Protagonista dell'incredibile storia è una gatta siamese di nome Fufù. Il fatto _ _____ a Comiso, in Sicilia.
La signora Maria ha riconosciuto subito la sua gatta: "Fufù _____ molto giovane quando è andata via." - dice la signora - "_____ solo pochi mesi. Adesso dopo otto anni è un po' invecchiata, ma sbagliarsi è impossibile. Infatti Fufù ha due particolari fisici che la rendono unica: la mancanza di due denti davanti e un taglio particolare nella coda."
Ma perché otto anni fa _____?
"Perché in quel periodo _____ anche un cane" - racconta la padrona - "e Fufù con lui non _____ molto d'accordo. Insomma, i due non _____ un buon rapporto. Ma un mese fa quel cane _____. Lo so che può sembrare strano, ma Fufù l'ha capito. E così _____ _____."

18 Che rapporto hai con gli animali? Hai o hai avuto un animale domestico? Parlane con un compagno.

81

LA GATTA

19 Il testo cambiato:
a) sottolinea nel testo le parole cambiate;
b) ascolta la canzone e verifica le parole sottolineate;
c) riscrivi il testo con le parole corrette;
d) riascolta la canzone e verifica il testo.

C'era una volta una pasta
che aveva una salsa nera col riso
e una vecchia polpetta vicino al pane
con una minestra a un passo dal tiramisù.

Se la polenta mangiavo
la piastra faceva le uova ed una
gallina scendeva vicina vicina
poi mi sorrideva e se ne tornava su.

Ora non entro nel sofà,
tutto è mangiato non entro nel sofà.
Ho una pancia grandissima, grandissima come un igloo.

Ma, io ripenso a una pasta
che aveva una salsa nera col riso
a una vecchia polpetta vicino al pane
con una gallina, che ora non mangio più.

20 Karaoke. Gioco a squadre. Le istruzioni sono a pag. 159.

9. UN RAGGIO DI SOLE
Jovanotti

UN RAGGIO DI SOLE

difficoltà linguistica:	* *
contenuti grammaticali:	passato prossimo, imperfetto
contenuti comunicativi:	raccontare situazioni e fatti passati
contenuti culturali:	amore, mare, montagna, città, campagna
genere musicale:	pop

JOVANOTTI

Chi è - Jovanotti (vero nome Lorenzo Cherubini) è uno dei cantanti più apprezzati dalle giovani generazioni per il ritmo, l'energia e la vitalità che riesce a comunicare con la sua musica. È nato a Roma nel 1966. È sposato e ha una figlia.

La sua musica - Ha iniziato facendo il d.j. Come cantante è stato uno dei primi a introdurre la musica rap in Italia, con canzoni di grande successo ("Serenata rap", "Una tribù che balla", "Penso positivo"). In seguito la sua musica si è evoluta verso i generi più diversi, in una continua sperimentazione che va dal funky, al pop, ai ritmi africani, fino alle canzoni più dolci e melodiche. Anche i testi, inizialmente leggeri e spensierati, sono diventati via via più impegnati.

Curiosità - Ha collaborato con molti cantanti italiani: Pavarotti, Zucchero, Eros Ramazzotti, Gianna Nannini. Con Ligabue e Piero Pelù ha scritto la canzone "Il mio nome è mai più" - singolo di grande successo - per aiutare le popolazioni colpite dalla guerra. È impegnato in campagne in favore dei diritti umani.

Un raggio di sole – È una canzone allegra e ritmata che racconta in modo ironico una movimentata storia d'amore. Fa parte di "Lorenzo 1999 – Capo Horn", un album che è stato per molti mesi in testa alle classifiche italiane di vendita.

CANTA CHE TI PASSA

1 Ascolta <u>i primi 40 secondi della canzone</u> (non di più) e rispondi: secondo te, quale potrebbe essere l'argomento del testo?

- ☐ politica
- ☐ religione
- ☐ fantascienza
- ☐ amore
- ☐ guerra
- ☐ vacanze
- ☐ droga
- ☐ infanzia

2 Adesso ascolta <u>i primi 2 minuti della canzone</u> e scopri qual è l'argomento.

3 Qui sotto hai alcune frasi del testo della canzone. Ad ogni affermazione nella colonna A ne corrisponde una opposta nella colonna B. Collegale come nell'esempio, poi confrontati con un compagno.

A	B
t'ho detto "amore"	e sogni la campagna
m'hai scritto "sempre"	e mi parlavi di montagna
t'ho detto "basta"	ma l'hai scritto sulla sabbia
mi hai lanciato una scarpa col tacco	io ti ho sentito che piangevi
e mentre un comico faceva ridere	e poi abbiamo fatto pace
siamo andati al mare	e tu m'hai messo in gabbia
abbiamo preso una casa in città	e m'hai detto "non lasciarmi"

4 Ora ascolta <u>tutta la canzone</u> e verifica se hai collegato bene le frasi.

5 Adesso hai più elementi per capire la canzone. Insieme a un compagno, cerca di rispondere a queste domande:
a) di cosa parla il testo? b) chi sono i personaggi? c) cosa fanno?

84

JOVANOTTI

6 Completa il testo con le parole della lista. Poi confrontati con un compagno. Alla fine ascolta la canzone e verifica.

1 Che _____ parli tu
   se dico "vita" dimmi cosa intendi
   e come vivi tu
   se dico "forza" attacchi o ti difendi
5 t'ho detto "amore" e tu m'hai messo in gabbia
   m'hai scritto "sempre" ma l'hai scritto sulla sabbia
   t'ho detto "eccomi" e volevi cambiarmi
   t'ho detto "basta" e m'hai detto "non _____"
   abbiamo fatto l'amore e mi hai detto "ah, mi dispiace"
10 mi hai lanciato una scarpa col tacco
   e poi abbiamo fatto _____
   abbiam rifatto l'amore e ti è piaciuto un sacco
   e dopo un po' mi hai lanciato la _____ scarpa col tacco
15 gridandomi di andare e di non tornare più
   io ho fatto finta di uscire e tu hai _____ la tv
   e mentre un comico _____ ridere
   io ti ho sentito che piangevi
   e allora son tornato
20 ma tanto già lo sapevi
   che _____ da te
   senza niente da dire
   senza tante parole
   ma con in mano un raggio di sole per te
25 che sei lunatica
   niente teorie con te
   soltanto pratica praticamente amore
   ti porto in dono un raggio di sole per te
   un raggio di sole per te

30 Che cosa pensi tu
   se dico "amore" dimmi cosa _____
   siamo andati al mare e mi parlavi di montagna
   abbiamo _____ una casa in città e sogni la campagna
35 con gli uccellini le anatre e le oche
   i delfini i conigli le api i papaveri e le foche
   e ogni tanto ti perdo o mi perdo nei miei guai
   ho lo zaino già pronto all'ingresso
   ma poi tanto tu già lo sai
40 che _____ da te
   senza niente da dire
   senza tante parole
   ma con in mano un raggio di sole per te
   che sei lunatica
45 niente teorie con te
   soltanto pratica praticamente amore
   ti porto in dono un raggio di sole per te
   un raggio di sole per te
   ecc. ecc.

Lista parole: ACCESO, FACEVA, INTENDI, LASCIARMI, LINGUA, PACE, PRESO, RITORNO, SOLITA, TORNAVO

UN RAGGIO DI SOLE

7 Cerca nel testo della canzone a pag. 87 le parole che hanno il seguente significato:

righe 1 – 18
prigione: _____
molto: _____

righe 19 – 29
regalo: _____

righe 30 – 45
borsa da mettere sulle spalle: _____

8 Nel testo della canzone c'è un aggettivo che definisce il carattere della donna: a) qual è? b) Come la definiresti tu?

a) _____

b) _____

9 Come definiresti questa storia d'amore?
(puoi scegliere più di una risposta)

☐ allegra ☐ triste ☐ romantica

☐ banale ☐ realistica ☐ irreale

☐ divertente ☐ noiosa ☐ movimentata

☐ altro: _____

Ora scrivi qualche frase della canzone per giustificare la tua scelta. Alla fine confrontati con i compagni.

_____
_____
_____

86

JOVANOTTI

10 Cerca nel testo della canzone tutti i verbi al passato prossimo e all'imperfetto e completa la tabella.

1	Che lingua parli tu
	se dico "vita" dimmi cosa intendi
	e come vivi tu
	se dico "forza" attacchi o ti difendi
5	t'ho detto "amore" e tu m'hai messo in gabbia
	m'hai scritto "sempre" ma l'hai scritto sulla sabbia
	t'ho detto "eccomi" e volevi cambiarmi
	t'ho detto "basta" e m'hai detto "non lasciarmi"
	abbiamo fatto l'amore e mi hai detto "ah, mi dispiace"
10	mi hai lanciato una scarpa col tacco
	e poi abbiamo fatto pace
	abbiam rifatto l'amore e ti è piaciuto un sacco
	e dopo un po' mi hai lanciato la solita scarpa col tacco
	gridandomi di andare e di non tornare più
15	io ho fatto finta di uscire e tu hai accceso la tv
	e mentre un comico faceva ridere
	io ti ho sentito che piangevi
	e allora son tornato
	ma tanto già lo sapevi
20	che tornavo da te
	senza niente da dire
	senza tante parole
	ma con in mano un raggio di sole per te
	che sei lunatica
25	niente teorie con te
	soltanto pratica praticamente amore
	ti porto in dono un raggio di sole per te
	un raggio di sole per te
	Che cosa pensi tu
30	se dico "amore" dimmi cosa intendi
	siamo andati al mare e mi parlavi di montagna
	abbiamo preso una casa in città e sogni la campagna
	con gli uccellini le anatre e le oche
	i delfini i conigli le api i papaveri e le foche
35	e ogni tanto ti perdo o mi perdo nei miei guai
	ho lo zaino già pronto all'ingresso
	ma poi tanto tu già lo sai
	che ritorno da te
	senza niente da dire
40	senza tante parole
	ma con in mano un raggio di sole per te
	che sei lunatica
	niente teorie con te
	soltanto pratica praticamente amore
45	ti porto in dono un raggio di sole per te
	un raggio di sole per te
	ecc. ecc.

Un raggio di sole (Jovanotti)
(P) 1999 Universal Music Italia srl

passato prossimo

imperfetto

UN RAGGIO DI SOLE

11 Ora dividi i verbi al passato prossimo in base all'ausiliare (avere/essere).

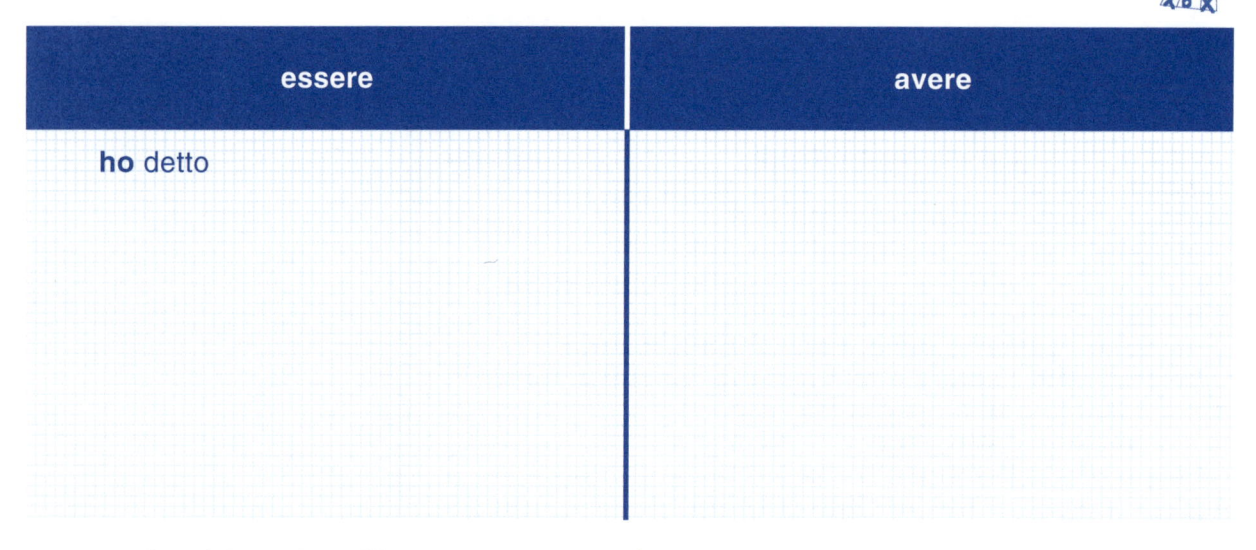

essere	avere
	ho detto

Osserva i verbi con l'ausiliare essere. Perché l'ultima lettera del participio passato non è sempre uguale? Da cosa dipende?

12 Il protagonista della canzone è un uomo che racconta la sua storia con una donna. Ora prova a invertire i ruoli: il protagonista diventa una donna che racconta la sua storia con un uomo. In questo caso nel testo cambiano un verbo e un aggettivo. Trovali e spiega perché.

13 Trova il participio passato dei seguenti verbi e scrivilo al posto giusto nella tabella, come nell'esempio.

lanciare – partire – avere – permettere – dormire – potere – fare – volere – accendere – parlare – scrivere – leggere – scendere – dovere – finire – andare – sapere

verbi come: tornato	verbi come: piaciuto	verbi come: sentito	verbi come: detto	verbi come: preso	verbi come: messo
lanciato					

88

JOVANOTTI

14 Nel testo qui sotto un imperfetto è diventato passato prossimo: trovalo e correggilo, poi spiega perché va usato l'imperfetto.

>io ho fatto finta di uscire e tu hai acceso la tv
>e mentre un comico ha fatto ridere
>io ti ho sentito che piangevi
>e allora son tornato
>ma tanto già lo sapevi
>che tornavo da te
>senza niente da dire
>senza tante parole
>ma con in mano un raggio di sole per te

15 Rileggi bene il testo della canzone e rispondi alle domande. Attenzione al passato prossimo e all'imperfetto.

a) Che cosa ha fatto lui quando lei gli ha detto di non tornare più?
_____
_____

b) Cosa faceva lei mentre guardava la tv?
_____
_____

c) Che cosa c'era in tv?
_____
_____

d) Che cosa ha fatto lui quando ha sentito che lei piangeva?
_____
_____

e) Dov'erano quando lei parlava di montagna?
_____
_____

UN RAGGIO DI SOLE

16 Qui sotto hai l'e-mail che il protagonista della canzone ha scritto alla sua donna dopo una nuova discussione. Scegli tra passato prossimo e imperfetto.

Cara S.,

adesso basta, tra noi è veramente finita. Sono arrabbiato, esasperato, deluso dal tuo assurdo comportamento, per questo **ho deciso/decidevo** che è meglio lasciarci e non vederci più. Ieri sera, mentre mi **hai tirato/tiravi** la solita scarpa col tacco, ho capito che è inutile andare avanti così. Lo so, ci **siamo lasciati/lasciavamo** già altre volte e io alla fine **sono tornato/tornavo** sempre da te, ma questa volta è diverso: non ce la faccio più a sopportare i tuoi cambiamenti d'umore, le tue follie, il tuo carattere lunatico… Tu sai bene che io **ho cercato/cercavo** in tutti i modi di accontentarti: appena mi hai detto che **hai voluto/volevi** una casa in città, ne ho presa subito una in centro;
è stata/era una casa bellissima, ma dopo una settimana ti sei accorta che c'**è stato/era** troppo rumore e mi hai detto che **hai preferito/preferivi** la campagna. Un mese dopo ti **ho chiesto/chiedevo** delle vacanze e tu mi hai detto "andiamo al mare"; allora ti **ho portato/portavo** in Sicilia, ma per te
ha fatto/faceva troppo caldo e così **siamo andati/andavamo** in montagna. Ma naturalmente per te in montagna **ha fatto/faceva** troppo freddo, alla fine **abbiamo litigato/litigavamo** e come sempre tu mi **hai lanciato/lanciavi** una scarpa col tacco. Adesso sono stanco di vedere scarpe col tacco volare per la stanza. Ho voglia di una vita calma, tranquilla, serena. Una vita da solo, senza di te. Ti prego, non cercare di farmi cambiare idea.
Addio,

P.

17 Ora prova a scrivere una lettera di risposta, immaginando cosa direbbe lei a lui per convincerlo a tornare.

Caro P.,
_____
_____
_____
_____
_____

18 E tu? Litighi spesso? Con chi hai litigato l'ultima volta? Perché? Come è finita? Raccontalo a un compagno.

JOVANOTTI

19 Coniuga i verbi (passato prossimo e imperfetto). Poi confrontati con un compagno. Alla fine ascolta la canzone e verifica.

Che lingua parli tu
se dico "vita" dimmi cosa intendi
e come vivi tu
se dico "forza" attacchi o ti difendi
t'(dire) _____ "amore" e tu m'(mettere) _____ in gabbia
m'(scrivere) _____ "sempre" ma l'(scrivere) _____ sulla sabbia
t'(dire) _____ "eccomi" e (volere) _____ cambiarmi
t'(dire) _____ "basta" e m'(dire) _____ "non lasciarmi"
(fare) _____ l'amore e mi (dire) _____ "ah, mi dispiace"
mi (lanciare) _____ una scarpa col tacco
e poi (fare) _____ pace
(rifare) _____ l'amore e ti (piacere) _____ un sacco
e dopo un po' mi (lanciare) _____ la solita scarpa col tacco
gridandomi di andare e di non tornare più
io (fare) _____ finta di uscire e tu (accendere) _____ la tv
e mentre un comico (fare) _____ ridere
io ti (sentire) _____ che (piangere) _____
e allora (tornare) _____
ma tanto già lo (sapere) _____
che (tornare) _____ da te
senza niente da dire
senza tante parole
ma con in mano un raggio di sole per te
che sei lunatica
niente teorie con te
soltanto pratica praticamente amore
ti porto in dono un raggio di sole per te
un raggio di sole per te

Che cosa pensi tu
se dico "amore" dimmi cosa intendi
(andare) _____ al mare e mi (parlare) _____ di montagna
(prendere) _____ una casa in città e sogni la campagna
con gli uccellini le anatre e le oche
i delfini i conigli le api i papaveri e le foche
e ogni tanto ti perdo o mi perdo nei miei guai
ho lo zaino già pronto all'ingresso
ma poi tanto tu già lo sai
che ritorno da te
senza niente da dire
senza tante parole
ma con in mano un raggio di sole per te
che sei lunatica
niente teorie con te
soltanto pratica praticamente amore
ti porto in dono un raggio di sole per te
un raggio di sole per te ecc. ecc.

UN RAGGIO DI SOLE

20 Nel testo qui sotto ci sono i nomi di 7 animali e il nome di 1 fiore: sai trovarli?

> siamo andati al mare e mi parlavi di montagna
> abbiamo preso una casa in città e sogni la campagna
> con gli uccellini le anatre e le oche
> i delfini i conigli le api i papaveri e le foche

21 Cosa ti suggeriscono questi 4 luoghi? In gruppo con alcuni compagni, scrivi per ognuno di essi una lista di 5 parole (es. mare: acqua, spiaggia, sole, barca, estate).

mare	montagna	città	campagna

22 Le parole tabù.
Gioco di gruppo. A turno, ognuno di voi racconta un episodio particolare che gli è successo in uno dei seguenti luoghi: mare, montagna, città o campagna. I compagni devono indovinare di quale luogo si tratta. Attenzione: chi racconta, non deve mai nominare il luogo di cui parla né usare le 5 parole della lista che avete scritto nell'attività 21.

10. VISTO CHE MI VUOI LASCIARE
Rino Gaetano

VISTO CHE MI VUOI LASCIARE

difficoltà linguistica:	**
contenuti grammaticali:	imperativo (tu, Lei), connettivi
contenuti comunicativi:	ordinare, dare consigli, esprimere la causa e la conseguenza di un fatto, convincere
contenuti culturali:	rapporti di coppia
genere musicale:	reggae

RINO GAETANO

Chi è - Musicista e cantante calabrese, arriva al successo alla fine degli anni 70 contrapponendosi con il suo tono allegro e ironico alla musica seria ed impegnata dei cantautori. Nel 1981, a soli 31 anni, muore in un incidente d'auto.

La sua musica - Anche se appartiene alla categoria dei "cantautori", Rino Gaetano occupa un posto a parte nella storia della musica leggera italiana per l'originalità del suo stile. Le sue canzoni, tutte molto ballabili e orecchiabili, hanno la capacità di divertire ma anche di proporre temi difficili senza annoiare. Tra le più famose sono da ricordare "Ma il cielo è sempre più blu", un elenco cantato dei vizi e delle contraddizioni della società del tempo, "Nuntereggaepiù", un gioco di parole che significa "non ti sopporto più", e l'allegra ballata "Gianna", che nel 1978 resta in testa alle classifiche italiane per molte settimane.

Curiosità - Per via del suo spirito ribelle, Rino Gaetano ha rappresentato molto bene la figura dell'artista anticonformista. Nel 1978 presenta a Sanremo la canzone "Gianna", scandalizzando e divertendo l'elegante pubblico del festival con un'esibizione piena di ironia.

Visto che mi vuoi lasciare - È un brano che riassume perfettamente lo stile allegro, ironico e divertente di Rino Gaetano. Il testo racconta in modo originale la fine di una storia d'amore.

CANTA CHE TI PASSA

1 Preascolto. Lavoro differenziato.

Studente A: collega le frasi di sinistra con quelle di destra e ricomponi la prima strofa della canzone.

LA PRIMA STROFA

Visto che tu	ti voltare
vai sicura e non	al gatto
chiudi	vuoi andare
e pensa	fascicoli sul mare
e ai	bene

Studente B: collega le frasi di sinistra con quelle di destra e ricomponi l'ultima strofa della canzone.

L'ULTIMA STROFA

Ma visto che	ancora un minuto
non	mi vuoi lasciare
ma dammi	a restare
per convincerti	ti trattengo più amore

94

RINO GAETANO

2 **Preascolto. Lavoro differenziato.**
Studente A: confrontati con un compagno che ha lavorato come te sulla prima strofa. Verificate l'ordine delle frasi e proponete la vostra soluzione all'insegnante.
Studente B: confrontati con un compagno che ha lavorato come te sull'ultima strofa. Verificate l'ordine delle frasi e proponete la vostra soluzione all'insegnante.

3 **Preascolto. Lavoro differenziato.**
Studente A: con lo stesso compagno fai ipotesi sul contenuto della canzone: di cosa parla, chi sono i personaggi, che fanno, che rapporto c'è tra loro.
Studente B: con lo stesso compagno fai ipotesi sul contenuto della canzone: di cosa parla, chi sono i personaggi, che fanno, che rapporto c'è tra loro.

4 **Preascolto. A + B.**
Studente A: confrontati con un compagno che ha lavorato sull'ultima strofa. Lui ti darà nuove informazioni sul contenuto della canzone. Insieme, continuate a fare ipotesi.
Studente B: confrontati con un compagno che ha lavorato sulla prima strofa. Lui ti darà nuove informazioni sul contenuto della canzone. Insieme, continuate a fare ipotesi.

5 Ascoltate la canzone e discutete ancora del contenuto: che ne pensate adesso? Confrontatevi anche con altri compagni.

6 Cosa deve fare lei? E cosa non deve fare? Ascolta più volte la canzone e scrivi tutte le cose che lui dice a lei. Dopo ogni ascolto confrontati con un compagno.

fare	non fare
Vai sicura, chiudi bene,	Non ...

VISTO CHE MI VUOI LASCIARE

7 Ascolta la canzone e leggi il testo. Poi verifica quello che hai scritto e aggiungi quello che manca.

Visto che tu vuoi andare
vai sicura e non ti voltare
chiudi bene e pensa al gatto
e ai fascicoli sul mare

Visto che tu vuoi partire
prendi il treno all'imbrunire
vai serena e non ti stanchi
e potresti anche dormire

Visto che tu vuoi andare
vai sicura e non ti voltare
porta via ogni cosa
che io possa poi scordare

Visto che tu vuoi fuggire
non ti trattengo più amore
ma dammi ancora un minuto
per convincerti a restare

Visto che mi vuoi lasciare
vai sicura e non ti voltare
ma ricordati dei sogni
che mi devi restituire
e gli umori e le atmosfere
che mi hanno fatto amare

Ma visto che mi vuoi lasciare
è inutile tergiversare
rendimi le mie parole
che ti ho detto con amore
e le frasi e le poesie
quelle tue e quelle mie

Ma visto che mi vuoi lasciare
non ti trattengo più amore
ma dammi ancora un minuto
per convincerti a restare

Visto che mi vuoi lasciare (Rino Gaetano)
(P) 1978 BMG Ricordi S.p.A.

8 L'amore è finito, lei se ne va. Ma lui rivuole indietro 6 cose. Quali sono? Rileggi il testo e rispondi.

RINO GAETANO

9 Cerca queste espressioni nel testo e poi metti una X sul significato giusto.

non ti voltare
☐ a) non ti girare
☐ b) non andare avanti

fascicoli
☐ c) vestiti
☐ d) depliant

all'imbrunire
☐ e) a mezzogiorno
☐ f) la sera

serena
☐ g) nervosa, preoccupata
☐ h) calma, tranquilla

scordare
☐ i) ricordare
☐ l) dimenticare

non ti trattengo
☐ m) non ti tengo qui con me, ti lascio andare
☐ n) non ti lascio andare

tergiversare
☐ o) correre, avere fretta
☐ p) perdere tempo, aspettare

rendimi
☐ q) ridammi
☐ r) prendi

10 *"Dammi ancora un minuto."*
Leggi una delle due istruzioni e inventa un dialogo insieme a un compagno.

Studente A
Sei l'uomo della coppia, sei disperato e innamorato. Lei (studente B) non ti vuole più, però ti ha concesso un ultimo minuto per convincerla. Sai che sarà difficile farle cambiare idea, tuttavia questa è la tua ultima possibilità e hai deciso che le proverai tutte prima di arrenderti. Cosa le dici?

Studente B
Sei la donna della coppia, stai lasciando il tuo partner (studente A) perché non lo ami più. Lui ti ha chiesto un ultimo minuto per parlarti, tu gliel'hai dato ma non intendi lasciarti convincere. Sarai irremovibile. Preparati a resistere ai suoi argomenti, rispondi con delle ragioni valide.

VISTO CHE MI VUOI LASCIARE

11 Sottolinea nel testo della canzone tutti i verbi all'imperativo e poi mettili al posto giusto nella tabella.

imperativo	imperativo negativo (non)

12 Completa la coniugazione dell'imperativo.

	pens**are**	prend**ere**	part**ire**	**andare**	**dare**
tu			part**i**		dai (da')
noi	pens**iamo**			**andiamo**	
voi		prend**ete**			

13 Trasforma le frasi all'imperativo negativo, come nell'esempio.

IMPERATIVO	IMPERATIVO NEGATIVO		
TU	TU	NOI	VOI
pensa al gatto	non pensare al gatto	non pensiamo al gatto	non pensate al gatto
prendi il treno			
chiudi bene			
vai			

Hai capito come si forma l'imperativo negativo con TU? E con VOI e NOI?

RINO GAETANO

14 Cosa diresti a queste persone? Guarda gli esempi nella prima colonna della tabella e scrivi alcuni consigli simili. Poi confrontati con un compagno.

Alcuni consigli a:

un'amica che vuole dimagrire	un amico che vuole imparare l'italiano	due amici che vogliono visitare il tuo paese
fai un po' di sport non mangiare troppo		

15 Ascolta di nuovo la canzone e completa le frasi che iniziano con "visto che".

Visto che

1. tu vuoi andare
vai sicura e non ti voltare

2. _____
prendi il treno all'imbrunire

3. _____
vai sicura e non ti voltare

4. _____
non ti trattengo più amore

5. _____
vai sicura e non ti voltare

6. _____
è inutile tergiversare

7. _____
non ti trattengo più amore

VISTO CHE MI VUOI LASCIARE

16 Con quali di queste espressioni è possibile sostituire "visto che" nel testo della canzone?

☐ siccome   ☐ perché   ☐ dato che   ☐ poiché   ☐ però   ☐ come

17 Completa le frasi.

1. Visto che _____ vai a dormire.
2. Visto che non ho molti soldi, _____
3. Visto che c'è il sole, _____
4. Visto che _____ mi sono arrabbiato.
5. Visto che _____ fai un po' di sport.
6. Visto che si vive una volta sola, _____

18 In gruppo, scrivete dall'inizio la storia dell'amore tra lui e lei. Come si sono conosciuti? Chi sono? Come vivevano prima di lasciarsi? Perché lei è andata via? Come finirà? Inventate tutto quello che non sapete, usate la fantasia. Poi date un titolo alla storia e raccontatela alla classe. Vince quella più originale!

RINO GAETANO

19 Completa il testo con i verbi. Poi ascolta la canzone e verifica.

Visto che tu vuoi andare
_____ sicura e non ti _____
_____ bene e _____ al gatto
e ai fascicoli sul mare

Visto che tu vuoi partire
_____ il treno all'imbrunire
_____ serena e non ti stanchi
e potresti anche dormire

Visto che tu vuoi andare
_____ sicura e non ti _____
_____ via ogni cosa
che io possa poi scordare

Visto che tu vuoi fuggire
non ti trattengo più amore
ma _____ ancora un minuto
per convincerti a restare

Visto che mi vuoi lasciare
_____ sicura e non ti _____
ma _____ dei sogni
che mi devi restituire
e gli umori e le atmosfere
che mi hanno fatto amare

Ma visto che mi vuoi lasciare
è inutile tergiversare
_____ le mie parole
che ti ho detto con amore
e le frasi e le poesie
quelle tue e quelle mie

Ma visto che mi vuoi lasciare
non ti trattengo più amore
ma _____ ancora un minuto
per convincerti a restare

20 Karaoke. Ora canta la canzone insieme ai tuoi compagni.

VISTO CHE MI VUOI LASCIARE

21 Riscrivi la canzone, usando il LEI al posto del TU. Attento ai verbi e ai pronomi!

*Visto che Lei vuole andare,
vada sicura e non si volti...*

11. DOMENICA E LUNEDÌ
Angelo Branduardi

DOMENICA E LUNEDÌ

- **difficoltà linguistica:** * *
- **contenuti grammaticali:** pronomi diretti lo, la, li, le
- **contenuti comunicativi:** fare riferimenti temporali, definire un concetto, parlare di sé
- **contenuti culturali:** tempo, periodi dell'anno e della vita, festività, Italia (geografia)
- **genere musicale:** ballata

ANGELO BRANDUARDI

Chi è - È uno dei musicisti italiani più conosciuti all'estero, per la sua particolarissima musica di ispirazione medievale e rinascimentale. È nato in provincia di Milano nel 1950. Suona il violino e la chitarra.

La sua musica - La musica di Branduardi è un mix originalissimo di tradizione e modernità: nelle sue canzoni si ritrovano melodie medievali e rinascimentali, antichi canti religiosi, ritmi tradizionali, ma anche suoni elettronici e rock, in un dialogo continuo tra musica popolare e musica colta. Il disco che nel 1976 lo fa conoscere al grande pubblico è "Alla fiera dell'est" che si ispira per i testi alle favole e ai racconti popolari di tutto il mondo. Altri grandi successi sono "La pulce d'acqua" del 1978 e "Cogli la prima mela" del 1979, che gli fanno vincere i premi di miglior artista dell'anno in molti Paesi europei. I suoi concerti sono sempre dei grandi eventi di massa: nel 1980 suona a Parigi davanti a 200.000 persone. Ultimamente nella sua musica si è accentuata l'ispirazione religiosa: nel 1996 pubblica l'album "Futuro antico" un originale viaggio attraverso pagine sacre e profane del Medioevo e del Rinascimento; nel 2000 esce "L'infinitamente piccolo" una serie di canzoni dedicate alla figura di San Francesco. Nello stesso anno canta in Vaticano davanti al Papa.

Curiosità - Branduardi canta anche in inglese, francese e tedesco. Per la scrittura dei testi collabora spesso con la moglie Luisa. Partecipa regolarmente alle iniziative umanitarie dell'Unicef e dell'Onu.

Domenica e lunedì - È un brano di grande musicalità, in cui è possibile riconoscere le sonorità tipiche delle canzoni di Branduardi. Il testo è un invito a non sprecare il tempo che fugge. È contenuto in un CD del 1994 che porta lo stesso titolo.

CANTA CHE TI PASSA

1 Indovinello a squadre. Leggete queste definizioni e cercate di capire di cosa parlano. Vince la squadra che indovina per prima (la soluzione è a pag. 169).

COS'È?

Non sta mai fermo, ma non si stanca mai.

Quando passa, anche le donne più belle diventano brutte.

È un grande insegnante, ma sfortunatamente uccide tutti i suoi studenti.

Quando non c'è, devi andare più veloce.

È tuo amico solo quando devi dimenticare un grande dolore.

2 Hai capito? Ora prova a scrivere tu una definizione. Poi confrontala con quelle dei tuoi compagni.

3 Adesso ascolta cosa dice la canzone sullo stesso argomento. Dopo l'ascolto discuti con un compagno.

4 Ascolta altre volte la canzone e scrivi tutte le parole del testo che sono legate all'idea del tempo. Dopo ogni ascolto confrontati con un compagno.

ANGELO BRANDUARDI

5 Qui sotto hai la lista delle parole che si riferiscono al tempo. Mettile al posto giusto nel testo. Poi ascolta la canzone (più volte, se necessario) e verifica.

Parole: DOMANI, DOMENICA, DOPO, DURA, ESTATE, GIORNI, GIORNO, GIOVINEZZA, IERI, INVERNO, LUNEDÌ, MINUTI, ORE, TEMPO

No, non perdetelo il _____ ragazzi,
non è poi tanto quanto si crede;
date anche molto a chi ve lo chiede,
dopo _____ è lunedì.

Vanno le nuvole coi giorni di _____,
guardale bene e saprai chi eri;
lasciala andare la gioia che hai,
un _____ forse la ritroverai.

Camminano le ore,
non si fermano i _____;
se ne va,
è la vita che se ne va;
se ne va,
di domani nessuno lo sa.
Dopo domenica è _____.

No, non perdiamolo il tempo ragazzi,
non è poi tanto quanto pensate;
dopo l'_____ arriva
l'_____
e di domani nessuno lo sa.

Camminano le _____,
non si fermano i minuti;
se ne va,
è la vita che se ne va;
se ne va,
_____ solo il tempo di un gioco;
se ne va,
non sprecatela in sogni da poco;
se ne va,
di domani nessuno lo sa.
Non si fermano i minuti,
_____ domenica è lunedì.

Camminano le ore
ed il tempo se ne va;
non si fermano i minuti,
di _____ nessuno lo sa.
Dopo domenica è lunedì.

No, non perdetelo il tempo ragazzi,
non è poi tanto quanto si crede;
non è da tutti catturare la vita,
non disprezzate chi non ce la fa.

Vanno le nuvole coi _____ di ieri,
guardale bene e saprai chi eri;
è così fragile la _____,
non consumatela nella tristezza.
Dopo domenica è lunedì...

DOMENICA E LUNEDÌ

6 Completa la tabella del tempo. Poi confrontati con un compagno.

IL TEMPO

i giorni della settimana	lunedì _____ _____ _____ venerdì _____ _____
i mesi dell'anno	gennaio _____ _____ _____ _____ luglio _____ _____ _____ _____ dicembre
le stagioni	primavera _____ autunno _____
i momenti della giornata	mattina p_____ sera n_____
l'orologio	60 s_____ = 1 minuto 60 minuti = 1 _____
le feste	Il 25 dicembre è N_____. La festa con le uova è P_____ La festa con le maschere è C_____ Il primo giorno dell'anno è C_____ Il giorno in cui sono nato è il mio c_____

7 Qual è la tua festa preferita? Perché? Cosa fai in quell'occasione? E quella che ami di meno? Parlane con un compagno.

ANGELO BRANDUARDI

8 A cosa si riferiscono i pronomi in neretto? Collegali alle parole come nell'esempio.

No, non perdete**le** il tempo ragazzi,
non è poi tanto quanto si crede;
date anche molto a chi ve lo chiede,
dopo domenica è lunedì.

Vanno le nuvole coi giorni di ieri,
guarda**le** bene e saprai chi eri;
lascia**la** andare la gioia che hai,
un giorno forse **la** ritroverai.

Camminano le ore,
non si fermano i minuti;
se ne va,
è la vita che se ne va;
se ne va,
di domani nessuno lo sa.
Dopo domenica è lunedì.

No, non perdiamo**lo** il tempo ragazzi,
non è poi tanto quanto pensate;
dopo l'inverno arriva l'estate
e di domani nessuno lo sa.

Camminano le ore,
non si fermano i minuti;
se ne va,
è la vita che se ne va;
se ne va,
dura solo il tempo di un gioco;
se ne va,
non sprecate**la** in sogni da poco;
se ne va,
di domani nessuno lo sa.
Non si fermano i minuti,
dopo domenica è lunedì.

Camminano le ore
ed il tempo se ne va;
non si fermano i minuti,
di domani nessuno lo sa.
Dopo domenica è lunedì.

No, non perdete**lo** il tempo ragazzi,
non è poi tanto quanto si crede;
non è da tutti catturare la vita,
non disprezzate chi non ce la fa.

Vanno le nuvole coi giorni di ieri,
guarda**le** bene e saprai chi eri;
è così fragile la giovinezza,
non consumate**la** nella tristezza.
Dopo domenica è lunedì...

la vita
le nuvole
il tempo
la giovinezza
la gioia

Domenica e lunedì (A. Branduardi - L. Zappa - A. Branduardi) / (P) 1994 EMI Italiana S.p.A.

9 Metti i pronomi evidenziati nel testo al posto giusto nella tabella.

I PRONOMI DIRETTI

	singolare	plurale
maschile	lo	
femminile		

Se l'esercizio è giusto, mancherà solo il pronome maschile plurale. Sai dire qual è?

107

DOMENICA E LUNEDÌ

10 Gioco. Conosci l'Italia?
Gioca con un compagno. Vince chi per primo riesce a posizionare tutti i nomi della lista nella propria cartina. Le regole sono a pag. 161.

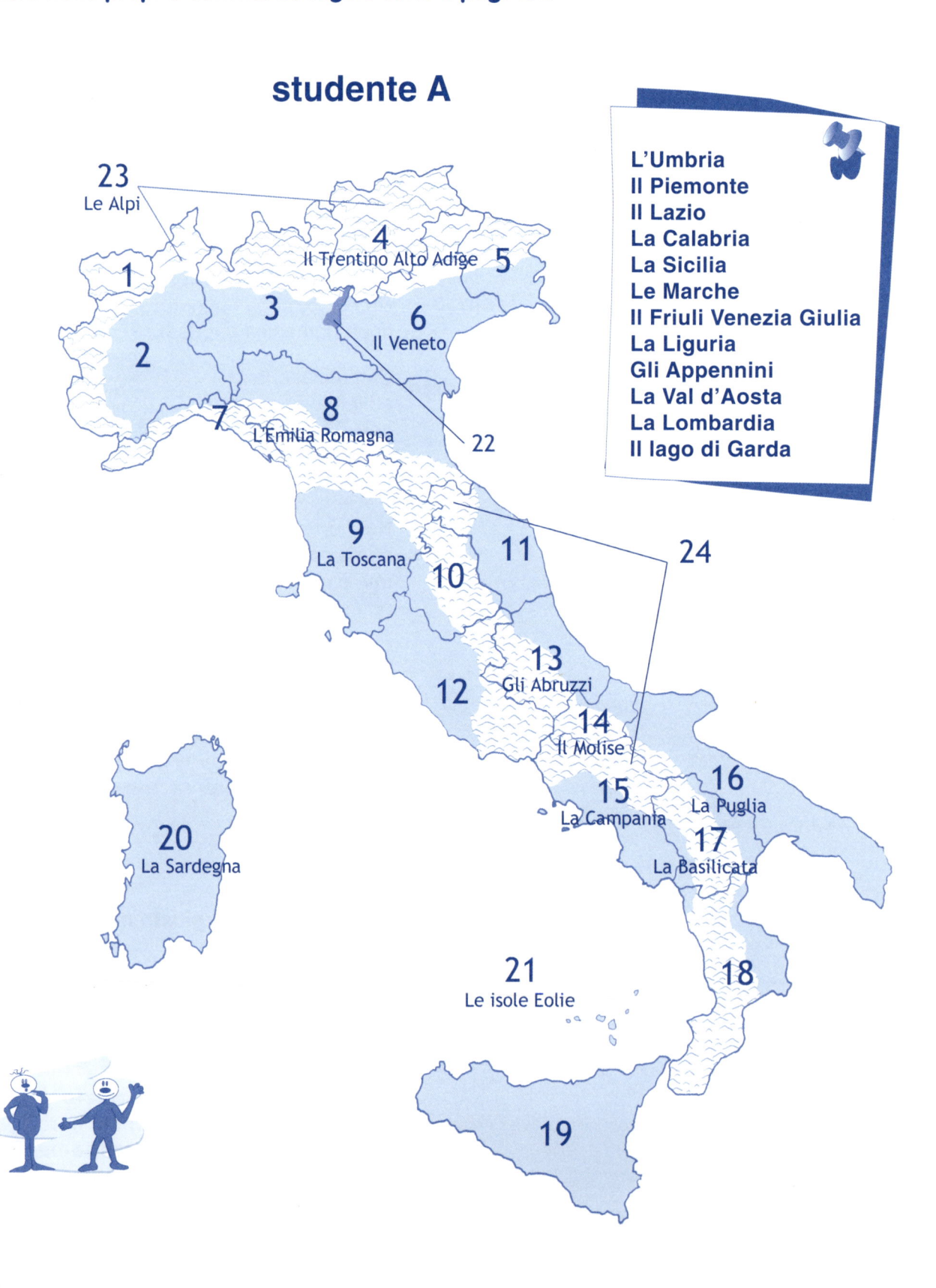

studente A

L'Umbria
Il Piemonte
Il Lazio
La Calabria
La Sicilia
Le Marche
Il Friuli Venezia Giulia
La Liguria
Gli Appennini
La Val d'Aosta
La Lombardia
Il lago di Garda

23 Le Alpi
1
4 Il Trentino Alto Adige
5
3
2
6 Il Veneto
7
8 L'Emilia Romagna
22
9 La Toscana
11
10
24
13 Gli Abruzzi
12
14 Il Molise
15 La Campania
16 La Puglia
17 La Basilicata
20 La Sardegna
18
21 Le isole Eolie
19

108

ANGELO BRANDUARDI

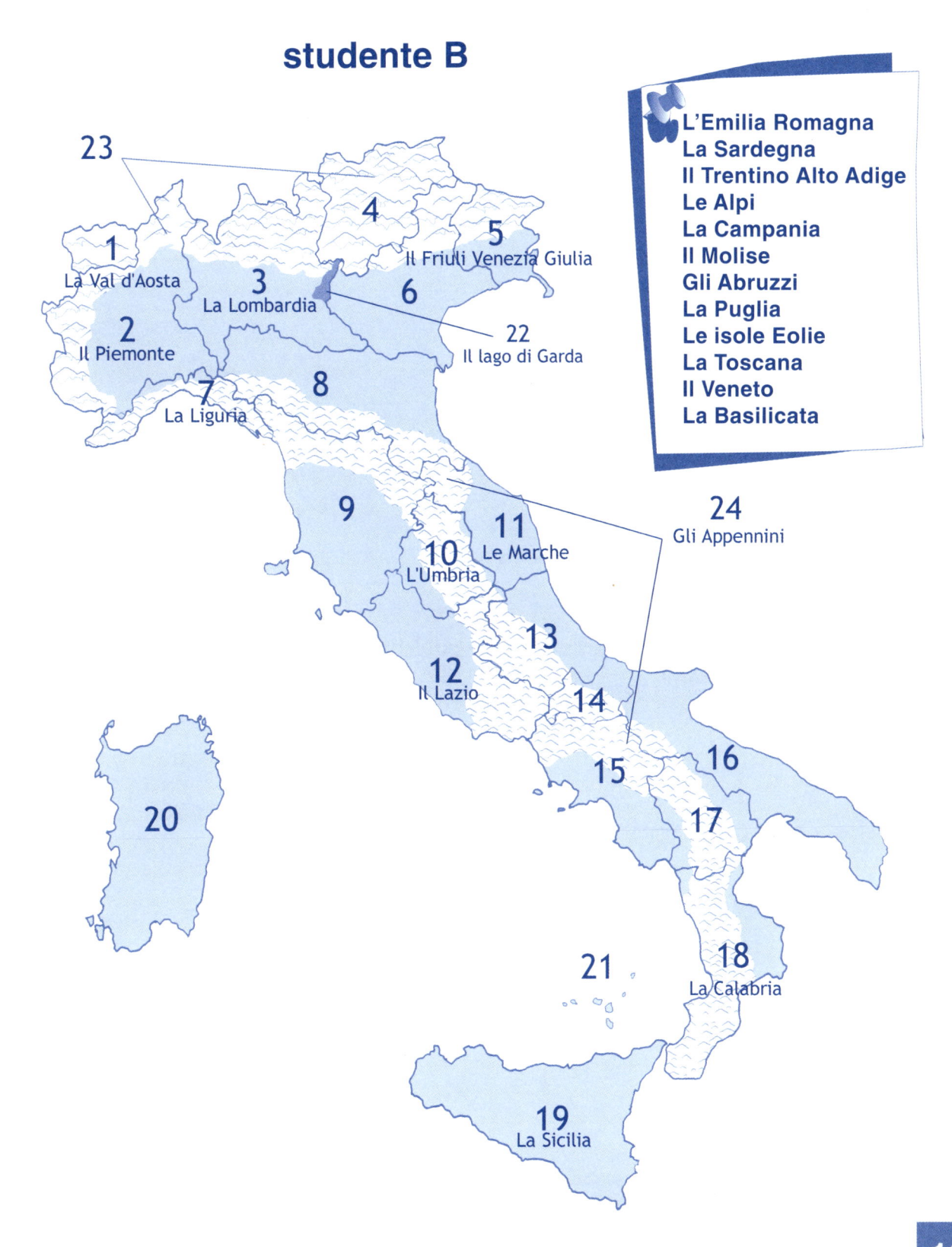

studente B

Regioni e luoghi:
- L'Emilia Romagna
- La Sardegna
- Il Trentino Alto Adige
- Le Alpi
- La Campania
- Il Molise
- Gli Abruzzi
- La Puglia
- Le isole Eolie
- La Toscana
- Il Veneto
- La Basilicata

Etichette sulla mappa:
- 1 La Val d'Aosta
- 2 Il Piemonte
- 3 La Lombardia
- 4
- 5 Il Friuli Venezia Giulia
- 6
- 7 La Liguria
- 8
- 9
- 10 L'Umbria
- 11 Le Marche
- 12 Il Lazio
- 13
- 14
- 15
- 16
- 17
- 18 La Calabria
- 19 La Sicilia
- 20
- 21
- 22 Il lago di Garda
- 23
- 24 Gli Appennini

109

DOMENICA E LUNEDÌ

11 Leggi cosa dicono queste persone sul loro rapporto con il tempo.

"Vado sempre di fretta, il tempo non mi basta mai."

"Ho moltissimo tempo libero ma non so mai che fare, mi annoio."

"Ho paura del tempo che passa, non voglio diventare vecchia."

"Per me esiste solo il presente, il mio principio è: *carpe diem*".

"Penso sempre al passato, vivo nei ricordi."

E tu, che rapporto hai con il tempo? Scrivi qualche riga sull'argomento e poi confrontati con i tuoi compagni

ANGELO BRANDUARDI

12 Metti le parole in neretto nell'ordine giusto e ricomponi il testo. Poi ascolta la canzone e verifica.

No, non perdetelo il tempo ragazzi,
non è poi tanto quanto si crede;
date anche _____
dopo domenica è lunedì.

ve a chiede lo molto chi

Vanno le nuvole coi giorni di ieri,
guardale bene e saprai chi eri;
lasciala andare la gioia che hai,
_____

forse ritroverai un la giorno

Camminano le ore,
non si fermano i minuti;
se ne va,
è la vita che se ne va;
se ne va,
di domani nessuno lo sa.
Dopo domenica è lunedì.

No, non perdiamolo il tempo ragazzi,
non è poi tanto quanto pensate;
_____
e di domani nessuno lo sa.

l' arriva estate inverno l' dopo

Camminano le ore,
non si fermano i minuti;
se ne va,
è la vita che se ne va;
se ne va,
dura solo il tempo di un gioco;
se ne va,
_____

in sprecatela da non poco sogni

Se ne va,
di domani nessuno lo sa.
Non si fermano i minuti,
dopo domenica è lunedì.

Camminano le ore
ed il tempo se ne va;
non si fermano i minuti,
di domani nessuno lo sa.
Dopo domenica è lunedì.

No, non perdetelo il tempo ragazzi,
non è poi tanto quanto si crede;
non è da tutti catturare la vita,
_____

chi fa la non ce disprezzate

Vanno le nuvole coi giorni di ieri,
guardale bene e saprai chi eri;
è così fragile la giovinezza,
_____

nella non tristezza consumatela

Dopo domenica è lunedì...

111

DOMENICA E LUNEDÌ

13 Completa le parole crociate. Attenzione ai pronomi!

Orizzontali →

1. Il contrario di "prima".
4. Dopo domenica è .....
9. Escursione, viaggio.
10. Dopo l'Università cerco un ......
11. "È un bellissimo film, ti consiglio di veder....."
12. La più piccola parte della materia.
13. Nuovo.
15. Il sole nasce all'al..... e muore al tramonto.
17. Dopo l'..... arriva l'estate.
20. Il quarto mese dell'anno.
23. "Dove sono i libri? Non ..... vedo."
24. Istituto Ortopedico Europeo.
25. Adesso.
27. "Prendete l'autobus?" "No, ... accompagna Luca con la macchina."
28. Io, tu, lui, lei, n....., voi, loro.
29. Viene dopo il pomeriggio e prima della notte.

Verticali ↓

1. "Abito a Roma da dieci anni, ma sono ..... Milano."
2. Il mese dopo settembre.
3. La festa con le uova è .....squa.
4. "Giulia è una mia cara amica; .....conosco da tanti anni."
5.
6. Viene dopo la sera.
7. Io ....., tu eri, lui era.
8. Dopo ..... è lunedì.
9. Il primo mese dell'anno.
10. "Dov'è Carlo?" "Non ..... so."
11. "La cioccolata mi piace, ma non ..... posso mangiare."
14. Paul vive ..... Francia.
16. "Devo telefonare ..... miei genitori."
17. Il giorno prima di oggi.
18. "Dove siete stati? ..... ho aspettato per due ore!"
19. Roma - Londra.
21. Dopo.
22. "Chi è quel ragazzo? Non ..... conosco."
26. "Belle queste scarpe. Dove ..... hai comprate?"

12. TU NON MI BASTI MAI
Lucio Dalla

TU NON MI BASTI MAI

difficoltà linguistica:	**
contenuti grammaticali:	futuro semplice, condizionale semplice
contenuti comunicativi:	esprimere desideri, parlare del futuro, esprimere la conseguenza di un'ipotesi, chiedere qualcosa con cortesia, esprimere un'idea non sicura
contenuti culturali:	sentimenti, desideri, società del futuro
genere musicale:	canzone melodica

LUCIO DALLA

Chi è - Lucio Dalla si può senz'altro considerare tra i più geniali e creativi esponenti della musica leggera italiana. Nato a Bologna il 4 marzo 1943 (la data è anche il titolo di una sua famosa canzone), è autore, interprete, suonatore di vari strumenti (piano, clarinetto, armonica, fisarmonica) e negli ultimi anni anche produttore discografico e scopritore di giovani talenti musicali (Luca Carboni, Samuele Bersani).

La sua musica - Dopo gli inizi in stile jazz e soul, il grande successo arriva negli anni 70 con ballate popolari come "4 marzo 1943", "Piazza grande" e "L'anno che verrà", che sono diventate dei classici della canzone italiana d'autore. Nel 1986 esce l'album "Dallamericaruso", che contiene la canzone "Caruso", da tutti riconosciuta come il suo capolavoro: il brano vende più di otto milioni di copie in tutto il mondo e viene cantata dai più grandi interpreti della musica internazionale, tra cui Luciano Pavarotti. Musicista eclettico ed originale, Lucio Dalla ama cambiare spesso genere e stile: nella sua discografia si trovano canzoni-poesie difficili ed impegnate, ed altre più leggere ed allegre; tra queste ultime "Attenti al lupo", brano ritmato e orecchiabile contenuto nell'album "Cambio", che nel 1990 stabilisce il record di vendite in Italia (1.400.000 copie). Il suo carattere curioso e aperto lo ha portato a collaborare spesso con altri musicisti; memorabile è il tour del 1979 con Francesco De Gregori e quello del 1988 con Gianni Morandi, svoltosi in alcuni dei luoghi artistici italiani più belli ed affascinanti.

Curiosità - Ha scritto spesso musiche per film e ha lavorato anche per la tv: negli anni 70 è stato presentatore di una trasmissione per ragazzi sui fumetti, mentre negli ultimi anni ha ideato e realizzato vari programmi televisivi di successo.

Tu non mi basti mai - Contenuta nell'album del 1996 "Canzoni" (1.300.000 copie vendute), è uno dei grandi successi di Dalla negli anni 90. È una canzone melodica ma dallo stile molto moderno; la musica è orecchiabile e si combina perfettamente con un testo ricco di immagini originali.

CANTA CHE TI PASSA

1 Metti le parole negli spazi vuoti e ricostruisci il titolo. Poi fai delle ipotesi sull'argomento della canzone.

BASTI MI TU NON MAI

___ ___ ___ ___ ___

2 Questa è la prima parte del testo della canzone. In quattro frasi manca sempre la stessa parola. Sai dire qual è?

_____ essere il vestito che porterai,
il rossetto che userai,
_____ sognarti come non ti ho sognato mai,
ti incontro per strada e divento triste
perché poi penso che te ne andrai,
_____ essere l'acqua della doccia che fai,
le lenzuola del letto dove dormirai,
l'hamburger di sabato sera che mangerai...
_____ essere il motore della tua macchina
così di colpo mi accenderai.

Ora confrontati con un compagno. Poi ascolta la prima parte della canzone e verifica.

3 Rileggi la prima parte del testo e sottolinea tutte le cose che lui vorrebbe essere; poi scrivile nella tabella, come nell'esempio.

il vestito

114

LUCIO DALLA

4 Ora ascolta più volte tutta la canzone e cerca di capire le altre cose che lui vorrebbe essere (non guardare il testo in basso).

5 Ascolta la canzone e leggi il testo. Poi verifica quello che hai scritto nell'attività n. 4.

Vorrei essere il vestito che porterai
il rossetto che userai
vorrei sognarti come non ti ho sognato mai
ti incontro per strada e divento triste
perché poi penso che te ne andrai

Vorrei essere l'acqua della doccia che fai
le lenzuola del letto dove dormirai
l'hamburger di sabato sera che mangerai... che mangerai

Vorrei essere il motore della tua macchina
così di colpo mi accenderai

Tu tu non mi basti mai
davvero non mi basti mai
tu tu dolce terra mia
dove non sono stato mai... mai

Debbo parlarti come non faccio mai
voglio sognarti come non ti sogno mai
essere l'anello che porterai
la spiaggia dove camminerai
lo specchio che ti guarda se lo guarderai... lo guarderai
vorrei essere l'uccello che accarezzerai
e dalle tue mani non volerei mai

Vorrei esser la tomba quando morirai
e dove abiterai
il cielo sotto il quale dormirai
così non ci lasceremo mai
neanche se muoio e lo sai

Tu tu non mi basti mai
davvero non mi basti mai
io io io ci provo sai
non mi dimenticare mai

Tu non mi basti mai (L. Dalla - T. Ferro) (P) 1996 Pressing srl

TU NON MI BASTI MAI

6 Come definiresti il protagonista della canzone? Scegli uno o più aggettivi e poi discuti con i compagni.

Per me il protagonista della canzone è:

☐ pazzo   ☐ romantico   ☐ esagerato

☐ divertente   ☐ simpatico   ☐ originale

☐ stupido   ☐ malato   ☐ altro _____

7 Scrivi 5 desideri usando "vorrei + infinito"
(esempio: vorrei cambiare lavoro; vorrei vincere alla lotteria…).

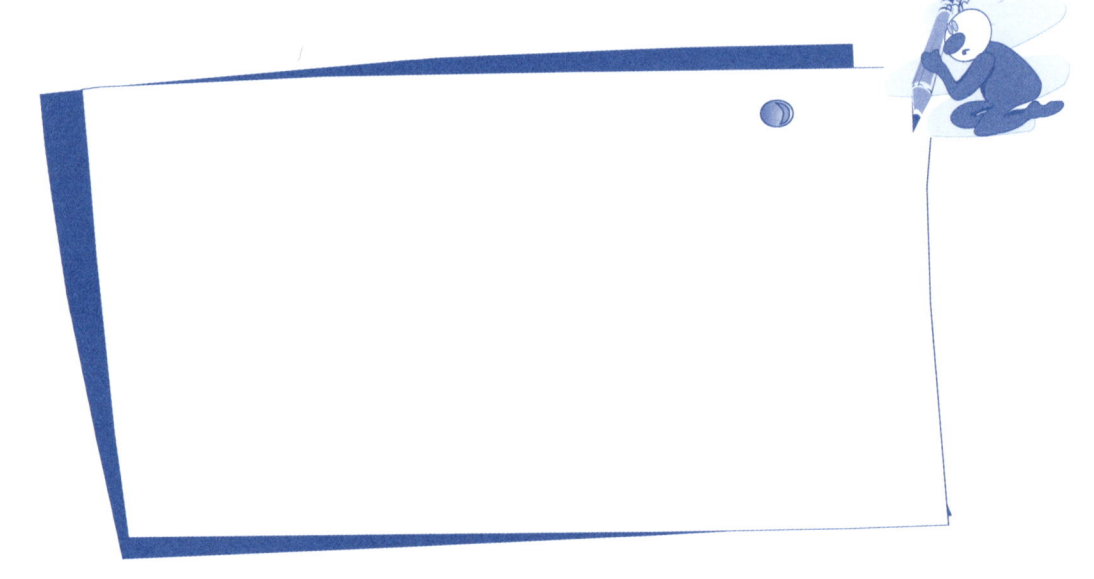

8 Il gioco dei desideri.
Gioco a squadre. Le istruzioni sono a pag. 161.

LUCIO DALLA

9 Completa il testo con le parole della lista. Poi ascolta la canzone e verifica.

Vorrei essere _____ che porterai
_____ che userai
vorrei _____ come non ti ho sognato mai
ti incontro per strada e divento triste
perché poi penso che te ne andrai

Vorrei essere _____ della doccia che fai
_____ dove dormirai
_____ di sabato sera che mangerai...

Vorrei essere _____ della tua macchina
così di colpo mi accenderai

Tu tu non mi basti mai
davvero non mi basti mai
tu tu dolce terra mia
dove non sono stato mai... mai

Debbo parlarti come non faccio mai
voglio sognarti come non ti sogno mai
essere l'_____ che porterai
_____ dove camminerai
_____ che ti guarda se lo guarderai... lo guarderai
vorrei essere _____ che accarezzerai
e dalle tue mani non volerei mai

Vorrei esser _____ quando morirai
e dove abiterai
_____ sotto il quale dormirai
così non ci lasceremo mai
neanche se muoio e lo sai

Tu tu non mi basti mai
davvero non mi basti mai
io io io ci provo sai
non mi dimenticare mai

LE LENZUOLA DEL LETTO
L'UCCELLO
LA SPIAGGIA
IL ROSSETTO
L'HAMBURGER
IL VESTITO
LO SPECCHIO
IL CIELO
L'ACQUA
ANELLO
SOGNARTI
LA TOMBA
IL MOTORE

117

TU NON MI BASTI MAI

10 Sottolinea nel testo tutti i verbi al futuro, al condizionale e al passato prossimo e mettili al posto giusto nella tabella.

futuro	condizionale	passato prossimo

11 Completa la coniugazione del futuro semplice.

IL FUTURO SEMPLICE

	port**are**	accend**ere**	dorm**ire**	**andare**
io	port**erò**			**andrò**
tu				
lui/lei		accend**erà**		**andrà**
noi			dorm**iremo**	
voi	port**erete**		dorm**irete**	
loro		accend**eranno**		**andranno**

118

LUCIO DALLA

12 Come sarà la tua vita tra venti anni? E come sarà il mondo? Scrivi almeno 5 idee in ogni tabella e poi confrontati con i tuoi compagni.

Come sarà la tua vita tra venti anni?

Abiterò a ...

Come sarà il mondo tra venti anni?

Si farà tutto con il computer ...

TU NON MI BASTI MAI

13 Quando si usa il condizionale? Guarda la tabella. Poi completala con gli esempi della lista (2 esempi per ogni uso).

IL CONDIZIONALE SI USA PER:	ESEMPI
1) esprimere un desiderio	a) Vorrei essere il vestito che porterai. b) Mi piacerebbe fare il giro del mondo.
2) chiedere qualcosa con cortesia	a) Potresti chiudere la porta, per favore? b) Mi presteresti la macchina?
3) esprimere un'idea non sicura al 100%	a) Franco dovrebbe arrivare domani mattina. b) Secondo la polizia, l'assassino sarebbe un uomo di quarant'anni.
4) dare un consiglio, invitare qualcuno a fare qualcosa	a) Dovresti studiare di più! b) Faresti bene a cercarti un lavoro.
5) esprimere la conseguenza di un'ipotesi	a) (Se io fossi un uccello) dalle tue mani non **volerei** mai. b) Se io mi sposassi, non **sarei** più libero di fare quello che voglio.

Lista degli esempi

Dovresti studiare di più!
Potresti chiudere la porta, per favore?
Franco **dovrebbe** arrivare domani mattina.
Mi **piacerebbe** fare il giro del mondo.
Secondo la polizia, l'assassino **sarebbe** un uomo di quarant'anni.
Se io mi sposassi, non **sarei** più libero di fare quello che voglio.
Faresti bene a cercarti un lavoro.
Mi **presteresti** la macchina?

LUCIO DALLA

14 Completa la coniugazione del condizionale semplice.

IL CONDIZIONALE SEMPLICE

	vol**are**	scriv**ere**	part**ire**	**volere**
io		scriver**ei**		
tu	voler**esti**			**vorresti**
lui/lei			partir**ebbe**	
noi		scriver**emmo**		**vorremmo**
voi			partir**este**	
loro	voler**ebbero**			**vorrebbero**

15 Scegli il verbo giusto e completa le frasi.

andrete - daresti - dovrebbe - dovresti - farà - farò - faresti
potresti - regalerai - sarà - tornerò - verrei - vorrei

a) Mi _____ un po' d'acqua, per favore?
b) Non _____ fumare così, ti fa male!
c) Non ti preoccupare per la cena di stasera: _____ tutto io.
d) La radio ha detto che domani _____ piovere.
e) Ad agosto Giulia _____ diciotto anni. Hai già deciso cosa le _____?
f) _____ volentieri al cinema con voi, ma purtroppo devo lavorare.
g) Mi piacerebbe sapere come _____ il mondo tra mille anni.
h) Stasera _____ a casa molto tardi, non mi aspettare per mangiare.
i) Immagina di essere l'uomo più ricco del mondo: cosa _____?
l) Tu non mi lascerai mai, non _____ vivere senza di me!
m) Dove _____ in vacanza quest'estate?
n) Domenica _____ andare al mare, ti va di accompagnarmi?

121

TU NON MI BASTI MAI

16 Completa il testo della canzone con i verbi delle 3 tabelle coniugati al tempo indicato. Poi ascolta la canzone e verifica.

Vorrei essere il vestito che _____
il rossetto che _____
vorrei sognarti come non ti _____ mai
ti incontro per strada e divento triste
perché poi penso che te ne _____

Vorrei essere l'acqua della doccia che fai
le lenzuola del letto dove _____
l'hamburger di sabato sera che _____...

Vorrei essere il motore della tua macchina
così di colpo mi _____

Tu tu non mi basti mai
davvero non mi basti mai
tu tu dolce terra mia
dove non _____ mai... mai

Debbo parlarti come non faccio mai
voglio sognarti come non ti sogno mai
essere l'anello che _____
la spiaggia dove _____
lo specchio che ti guarda se lo _____...
vorrei essere l'uccello che _____
e dalle tue mani non _____ mai

Vorrei esser la tomba quando _____
e dove abiterai
il cielo sotto il quale _____
così non ci _____ mai
neanche se muoio e lo sai

Tu tu non mi basti mai
davvero non mi basti mai
io io io ci provo sai
non mi dimenticare mai

---

da coniugare al futuro

accarezzare
accendere
andare
camminare
dormire (2)
guardare
lasciare
mangiare
morire
portare (2)
usare

da coniugare al condizionale

volare

da coniugare al passato prossimo

essere
sognare

13. ALLA FIERA DELL'EST
Angelo Branduardi

ALLA FIERA DELL'EST

difficoltà linguistica: **
contenuti grammaticali: passato remoto, diminutivi, pronome relativo che
contenuti comunicativi: raccontare fatti passati
contenuti culturali: favola, fiaba, tradizioni popolari, animali
genere musicale: ballata folk

ANGELO BRANDUARDI

Chi è - È uno dei musicisti italiani più conosciuti all'estero, per la sua particolarissima musica di ispirazione medievale e rinascimentale. È nato in provincia di Milano nel 1950. Suona il violino e la chitarra.

La sua musica - La musica di Branduardi è un mix originalissimo di tradizione e modernità: nelle sue canzoni si ritrovano melodie medievali e rinascimentali, antichi canti religiosi, ritmi tradizionali, ma anche suoni elettronici e rock, in un dialogo continuo tra musica popolare e musica colta. Il disco che nel 1976 lo fa conoscere al grande pubblico è "Alla fiera dell'est" che si ispira per i testi alle favole e ai racconti popolari di tutto il mondo. Altri grandi successi sono "La pulce d'acqua" del 1978 e "Cogli la prima mela" del 1979, che gli fanno vincere i premi di miglior artista dell'anno in molti Paesi europei. I suoi concerti sono sempre dei grandi eventi di massa: nel 1980 suona a Parigi davanti a 200.000 persone. Ultimamente nella sua musica si è accentuata l'ispirazione religiosa: nel 1996 pubblica l'album "Futuro antico" un originale viaggio attraverso pagine sacre e profane del Medioevo e del Rinascimento; nel 2000 esce "L'infinitamente piccolo" una serie di canzoni dedicate alla figura di San Francesco. Nello stesso anno canta in Vaticano davanti al Papa.

Curiosità - Branduardi canta anche in inglese, francese e tedesco. Per la scrittura dei testi collabora spesso con la moglie Luisa. Partecipa regolarmente alle iniziative umanitarie dell'Unicef e dell'Onu.

Alla fiera dell'est - È la canzone più conosciuta di Branduardi, quella che nel 1976 lo porta al successo. È liberamente ispirata a un canto religioso ebraico. L'album da cui è tratta ha vinto il premio della critica italiana come miglior disco dell'anno.

CANTA CHE TI PASSA

1 Preascolto. Il gioco degli animali.
Formate delle squadre. Avete due minuti di tempo per scrivere i nomi di tutti gli animali che conoscete. Vince la squadra che ne trova di più.

2 Ascolta la canzone (più volte, se necessario) e scrivi nella tabella i nomi di tutti i personaggi che riesci a capire (animali e altri personaggi). Poi confrontati con un compagno.

animali	altri personaggi

ANGELO BRANDUARDI

3 Leggi il testo della canzone (se vuoi, ascoltala ancora) e verifica la tabella dell'attività 2.

Alla fiera dell'est,
per due soldi un topolino mio padre comprò.
Alla fiera dell'est,
per due soldi un topolino mio padre comprò.

E venne il gatto che si mangiò il topo
che al mercato mio padre comprò.
E venne il gatto che si mangiò il topo
che al mercato mio padre comprò.

Alla fiera dell'est,
per due soldi un topolino mio padre comprò.

E venne il cane che morse il gatto
che si mangiò il topo
che al mercato mio padre comprò.

Alla fiera dell'est,
per due soldi un topolino mio padre comprò.

E venne il bastone che picchiò il cane
che morse il gatto
che si mangiò il topo
che al mercato mio padre comprò.

Alla fiera dell'est,
per due soldi un topolino mio padre comprò.

E venne il fuoco che bruciò il bastone
che picchiò il cane
che morse il gatto
che si mangiò il topo
che al mercato mio padre comprò.

Alla fiera dell'est,
per due soldi un topolino mio padre comprò.

E venne l'acqua che spense il fuoco
che bruciò il bastone
che picchiò il cane
che morse il gatto
che si mangiò il topo
che al mercato mio padre comprò.

Alla fiera dell'est,
per due soldi un topolino mio padre comprò.

E venne il toro che bevve l'acqua
che spense il fuoco
che bruciò il bastone
che picchiò il cane
che morse il gatto
che si mangiò il topo
che al mercato mio padre comprò.

Alla fiera dell'est,
per due soldi un topolino mio padre comprò.

E venne il macellaio che uccise il toro
che bevve l'acqua
che spense il fuoco
che bruciò il bastone
che picchiò il cane
che morse il gatto
che si mangiò il topo
che al mercato mio padre comprò.

E l'angelo della morte sul macellaio
che uccise il toro
che bevve l'acqua
che spense il fuoco
che bruciò il bastone
che picchiò il cane
che morse il gatto
che si mangiò il topo
che al mercato mio padre comprò.

Alla fiera dell'est,
per due soldi un topolino mio padre comprò.

E infine il Signore sull'angelo della morte
sul macellaio
che uccise il toro
che bevve l'acqua
che spense il fuoco
che bruciò il bastone
che picchiò il cane
che morse il gatto
che si mangiò il topo
che al mercato mio padre comprò.
(ripete 2 volte)

Alla fiera dell'est,
per due soldi un topolino mio padre comprò.

Alla fiera dell'est (A. Branduardi) / (P) 1976 EMI Italiana S.p.A.

ALLA FIERA DELL'EST

4 La canzone in mille pezzi
Gioco a squadre. Aprite la busta che vi dà l'insegnante, estraete le parole e mettetele in ordine in modo da ricostruire la storia della canzone. Le istruzioni del gioco sono a pag. 161

5 Quale di queste figure ti sembra più adatta per descrivere la struttura del testo della canzone? Perché?

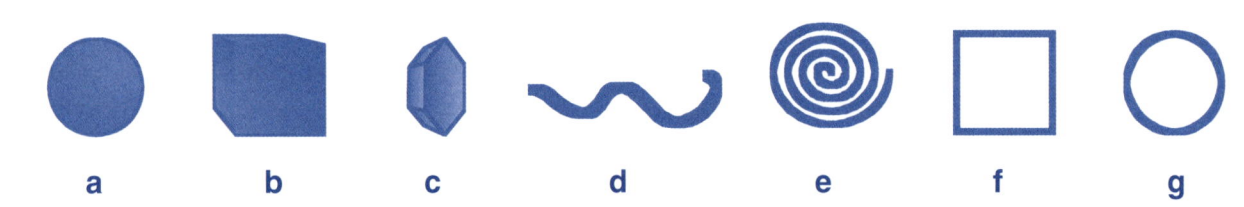

a   b   c   d   e   f   g

6 Scrivi nella tabella tutti i verbi della canzone e poi aggiungi l'infinito, come nell'esempio.

verbo	infinito
comprò	comprare

7 Ora, insieme a uno o più compagni, cerca di rispondere alle domande. Alla fine comunicate le vostre ipotesi all'insegnante.

a) i verbi della canzone sono coniugati tutti allo stesso tempo: qual è?
b) quando si usa questo tempo?
c) che differenza c'è tra questo tempo e il passato prossimo?

126

ANGELO BRANDUARDI

8 Completa la coniugazione del passato remoto (verbi regolari e irregolari) con i verbi della lista.

VERBI REGOLARI

	comprare	potere	dormire
io	comprai		dormii
tu			dormisti
lui/lei		poté	
noi			
voi			
loro			

comprò
comprarono
comprammo
comprasti
compraste

potei
potemmo
potesti
poterono
poteste

dormimmo
dormì
dormirono
dormiste

VERBI IRREGOLARI

	uccidere	spegnere	venire
io			
tu			
lui/lei			
noi			
voi			
loro			

uccise
uccideste
uccidesti
uccisi
uccisero
uccidemmo

spegneste
spegnesti
spensero
spensi
spegnemmo
spense

venne
venni
vennero
venimmo
venisti
veniste

127

ALLA FIERA DELL'EST

9 Coniuga i verbi al tempo giusto (passato remoto o imperfetto) e completa la favola.

La lepre e la tartaruga.

Un giorno la lepre (andare) _____ dagli altri animali e (dire) _____:
"Io sono più veloce di tutti voi, nessuno corre come me. Vi sfido a fare una gara."
Ma gli altri animali, che (conoscere) _____ bene la velocità della lepre, non (accettare) _____ la sfida.
Dopo un po' (arrivare) _____ la tartaruga. (Guardare) _____ la lepre e, con la sua solita calma, (parlare) _____:
"Ho sentito che vuoi fare una gara. Se per te va bene, io sono pronta."
La lepre (cominciare) _____ a ridere.
"Questa è buona!" - (esclamare) _____ "Davvero tu pensi di poter vincere?"
"Sì." - (rispondere) _____ la tartaruga. "Allora, vuoi fare questa gara?"
"Va bene, non ho certo paura di te."
La lepre e la tartaruga (scegliere) _____ il percorso e (prepararsi) _____ a partire. Gli altri animali (correre) _____ a vedere.
Infatti (essere) _____ tutti molto curiosi di assistere a quella gara così strana.
Finalmente la gara (iniziare) _____ . La lepre (partire) _____ velocissima e in pochi secondi (arrivare) _____ a metà del percorso. Così, siccome la tartaruga (essere) _____ ancora molto lontana, (decidere) _____ di fermarsi a dormire un po'.
La tartaruga intanto (camminare) _____ lentamente, un passo dopo l'altro.
Ma mentre la lepre (dormire) _____ , la tartaruga (arrivare) _____ piano piano vicina al traguardo.
Più tardi, quando la lepre (svegliarsi) _____ , (vedere) _____ che la tartaruga stava per vincere. Allora (mettersi) _____ a correre con tutte le sue forze, ma ormai (essere) _____ troppo tardi per arrivare prima.
La tartaruga (vincere) _____ la gara. Quando la lepre (arrivare) _____ , la tartaruga ridendo le (dire) _____: "Mia cara lepre, non basta correre; bisogna partire in tempo!"

ANGELO BRANDUARDI

10 C'era una volta...

- racconta a un tuo compagno una favola del tuo Paese e ascolta la sua
- scegliete una delle due favole e scrivetela, facendo attenzione alla grammatica
- raccontatela agli altri compagni

11 Trova il diminutivo dei seguenti nomi, come nell'esempio.

uccello	uccellino
cavallo	_____
vitello	_____
agnello	_____
maiale	_____
gatto	_____
topo	_____
pesce	_____
cane	_____

12 Riscrivi il testo, usando il pronome relativo "che".

E venne il toro. Il toro bevve l'acqua. L'acqua spense il fuoco. Il fuoco bruciò il bastone. Il bastone picchiò il cane. Il cane morse il gatto. Il gatto si mangiò il topo. Al mercato mio padre comprò il topo.

E venne

ALLA FIERA DELL'EST

13 Completa la favola con il pronome relativo "che". Ma fai attenzione: solo 4 dei 6 spazi vanno riempiti.

I due cavalli

C'era una volta un uomo _____ aveva due cavalli. Il primo cavallo lavorava molto e non si stancava mai di tirare il suo carro. Invece il secondo, _____ non aveva voglia di fare niente, si fermava continuamente.

Un giorno l'uomo _____ mise tutto il carico sul carro del primo cavallo. Allora il secondo cavallo, _____ adesso tirava un carro vuoto, disse al compagno:

"Vedi? Io non sono uno stupido, tu invece lavori e ti stanchi. Ma a cosa serve? Più lavori, più ti fanno lavorare."

Ma quando arrivarono a casa, _____ il padrone si disse:

"Perché devo continuare ad avere due cavalli? Uno solo basta a fare il lavoro di due. Sarà meglio tenermi il primo, e uccidere l'altro; così potrò vendere la pelle del cavallo _____ ho ucciso!"

E così fece.

14 Insieme a un compagno, completa il testo della canzone. Poi ascoltatela e verificate quello che avete scritto.

Alla fiera dell'est,
per due soldi un topolino mio padre comprò. *(ripete 2 volte)*

E venne il _____ che _____ il _____
che al mercato mio padre comprò. *(ripete 2 volte)*

Alla fiera dell'est,
per due soldi un topolino mio padre comprò.

E venne il _____ che _____ il _____
che _____ il _____
che al mercato mio padre comprò.

Alla fiera dell'est,
per due soldi un topolino mio padre comprò.

E venne il _____ che _____ il _____
che _____ il _____
che _____ il _____
che al mercato mio padre comprò.

Alla fiera dell'est,
per due soldi un topolino mio padre comprò.

ANGELO BRANDUARDI

E venne il _____ che _____ il _____
che _____ il _____
che _____ il _____
che _____ il _____
che al mercato mio padre comprò.

Alla fiera dell'est,
per due soldi un topolino mio padre comprò.

E venne l'_____ che _____ il _____
che _____ il _____
che _____ il _____
che _____ il _____
che _____ il _____
che al mercato mio padre comprò.

Alla fiera dell'est,
per due soldi un topolino mio padre comprò.

E venne il _____ che _____ l'_____
che _____ il _____
che _____ il _____
che _____ il _____
che _____ il _____
che _____ il _____
che al mercato mio padre comprò.

Alla fiera dell'est,
per due soldi un topolino mio padre comprò.

E venne il _____ che _____ il _____
che _____ l'_____
che _____ il _____
che _____ il _____
che _____ il _____
che _____ il _____
che _____ il _____
che al mercato mio padre comprò.

E l'_____ sul _____
che _____ il _____
che _____ l'_____
che _____ il _____
che _____ il _____
che _____ il _____
che _____ il _____
che _____ il _____
che al mercato mio padre comprò.

Alla fiera dell'est,
per due soldi un topolino mio padre comprò.

E infine il _____ sull'_____
sul _____
che _____ il _____
che _____ l'_____
che _____ il _____
che _____ il _____
che _____ il _____
che _____ il _____
che _____ il _____
che al mercato mio padre comprò. *(ripete 2 volte)*

ALLA FIERA DELL'EST

15 Alla fiera dell'ovest non tutto va come alla fiera dell'est. Infatti succedono cose molto diverse. Qui sotto hai solo l'inizio della storia. Sai immaginare come continua? In gruppo con alcuni compagni, seguendo il modello della canzone "Alla fiera dell'est", scrivi un nuovo testo.

Alla fiera dell'ovest

Alla fiera dell'ovest
per quattro euro una mozzarella mia madre comprò
E venne un ladro che rubò la mozzarella
che al mercato mia madre comprò
E venne un ladro che rubò la mozzarella
che al mercato mia madre comprò
Alla fiera dell'ovest
per quattro euro una mozzarella mia madre comprò
E venne...

14. SARA
Antonello Venditti

SARA

difficoltà linguistica:	**
contenuti grammaticali:	pronomi (riflessivi, diretti, indiretti), imperativo, periodo ipotetico
contenuti comunicativi:	dare ordini e consigli, fare ipotesi
contenuti culturali:	gravidanza, maternità, matrimonio, istruzione
genere musicale:	pop

ANTONELLO VENDITTI

Chi è - Insieme a Francesco De Gregori e a Claudio Baglioni, è il più importante esponente della "scuola romana" dei cantautori, nata all'inizio degli anni 70. È molto legato alla sua città; a Roma, dove è nato nel 1949, ha infatti dedicato alcune bellissime canzoni ("Roma Capoccia", "Roma"). Suona il pianoforte.

La sua musica - Inizia scrivendo canzoni in dialetto romanesco ed altre più impegnate di carattere sociale (la più famosa è "Lilly", del 1975, storia di una ragazza tossicodipendente). La popolarità arriva nel 1978 con l'album "Sotto il segno dei pesci": le melodie molto orecchiabili, i testi poetici ed intensi e la voce calda ed espressiva di Venditti fanno di questo disco un successo. Da allora la fama del cantautore romano continua a crescere: nel 1991 vende un milione di copie dell'album "Benvenuti in Paradiso". Altri grandi successi sono le canzoni "Buona Domenica", "Ci vorrebbe un amico" e "Notte prima degli esami", dal tono sentimentale ed intimistico. Nel 1999 pubblica l'album "Goodbye Novecento", con cui torna a temi più sociali ed impegnati.

Curiosità - Canta sempre con un cappello e porta sempre degli occhiali a goccia. È un grande tifoso di calcio: nel 1983, per festeggiare la vittoria nel campionato italiano della sua squadra del cuore, scrive la canzone "Grazie Roma". Nel 1997 realizza un disco in cui canta i suoi brani più famosi accompagnato da un'orchestra sinfonica.

Sara - È la canzone più conosciuta del fortunatissimo album "Sotto il segno dei pesci", che nel 1978 lo porta al successo. Il brano, caratterizzato da una melodia molto orecchiabile, racconta la storia di una ragazza madre.

CANTA CHE TI PASSA

1 Preascolto. Collega le frasi di sinistra con quelle di destra. Poi confrontati con un compagno. Alla fine, proponete la vostra soluzione all'insegnante.

Sara, sono le sette e tu devi	ti porterei ogni giorno al mare
e poi attenta, ricordati	l'ho sentito respirare
Sara, se avessi i soldi	andare a scuola
ma Sara, mi devo laureare e forse un giorno	nascerà
tu sei bella anche se	ti sposerò
Sara, mentre dormivi	che aspetti un bambino
il tuo bambino se ci credi	i vestiti non ti stanno più

2 Preascolto. Ricopia nell'ordine giusto le frasi della tabella precedente. Insieme a un compagno, fai delle ipotesi sul contenuto della canzone: di cosa parla, chi sono i personaggi, qual è la situazione.

Sara, sono le sette e tu devi _____

e poi attenta, ricordati _____

Sara, se avessi i soldi _____

ma Sara, mi devo laureare e forse un giorno _____

tu sei bella anche se _____

Sara, mentre dormivi _____

il tuo bambino se ci credi _____

3 Ora ascolta la canzone: che ne pensi adesso? Discuti con i compagni.

ANTONELLO VENDITTI

4 Quali sono i personaggi della canzone? Ascoltala di nuovo e metti una X su quelli giusti.

- ☐ Sara
- ☐ il ragazzo di Sara
- ☐ la sorella di Sara
- ☐ il padre di Sara
- ☐ il fratello di Sara
- ☐ la madre di Sara
- ☐ gli amici di Sara
- ☐ le amiche di Sara
- ☐ il bambino di Sara
- ☐ il gatto di Sara

5 Ascolta la canzone e leggi il testo. Poi verifica le risposte dell'attività 4.

Sara,
svegliati è primavera
Sara,
sono le sette e tu devi andare a scuola
oh oh oh Sara,
prendi tutti i libri
ed accendi il motorino
e poi attenta
ricordati che aspetti un bambino
Sara,
se avessi i soldi ti porterei ogni giorno al mare
Sara,
se avessi tempo ti porterei ogni giorno a far l'amore
oh oh ma Sara,
mi devo laureare
e forse un giorno ti sposerò
magari in chiesa
dove tua madre sta aspettando
per poter piangere un po'

Sara,
tu vai dritta non ti devi vergognare
le tue amiche
dai retta a me lasciale tutte parlare
oh oh oh Sara,
è stato solo amore
se nel banco non c'entri più
tu sei bella
anche se i vestiti non ti stanno più
Sara,
mentre dormivi l'ho sentito respirare
Sara,
mentre dormivi ti batteva forte il cuore
oh oh oh Sara,
tu non sei più sola
il tuo amore gli basterà
il tuo bambino se ci credi nascerà
Sara Sara Sara

Sara (A. Venditti)
(P) 1978 Heinz Music s.r.l.

SARA

6 Leggi con attenzione il testo della canzone e completa la tabella con il maggior numero possibile di informazioni su ogni personaggio. Poi confrontati con un compagno.

Personaggi	Informazioni
Sara	*va a scuola...*
il ragazzo di Sara	
il bambino di Sara	
la madre di Sara	
le amiche di Sara	

7 Secondo te, quanti anni può avere Sara? E quanti il ragazzo? Rileggi il testo e discuti con un compagno.

8 Andiamo al cinema.
Insieme al tuo gruppo, immagina un film che racconti dall'inizio la storia tra Sara e il ragazzo. Cosa è successo tra loro? Cosa succederà dopo? Come finirà? Inventate tutto quello che non sapete, usate la fantasia. Poi date un titolo al film e raccontatelo alla classe. Alla fine ogni gruppo darà un voto alle altre storie che ha ascoltato. Vince la storia più originale!

ANTONELLO VENDITTI

9 Sai dire a quali persone si riferiscono i pronomi evidenziati?
Collegali ai disegni come nell'esempio.

Sara
sveglia**ti** è primavera
Sara
sono le sette e tu devi andare a scuola
oh oh oh Sara
prendi tutti i libri
e accendi il motorino
e poi attenta
ricorda**ti** che aspetti un bambino
Sara
se avessi i soldi **ti** porterei ogni giorno al mare
Sara
se avessi tempo **ti** porterei ogni giorno a far l'amore
oh oh ma Sara
mi devo laureare
e forse un giorno **ti** sposerò
magari in chiesa
dove tua madre sta aspettando
per poter piangere un po'
Sara
tu vai dritta non **ti** devi vergognare
le tue amiche
dai retta a me lascia**le** tutte parlare
oh oh oh Sara
è stato solo amore
se nel banco non c'entri più
tu sei bella
anche se i vestiti non **ti** stanno più
Sara
mentre dormivi **l'**ho sentito respirare
Sara
mentre dormivi **ti** batteva forte il cuore
oh oh oh Sara
tu non sei più sola
il tuo amore **gli** basterà
il tuo bambino se ci credi nascerà
Sara
Sara
Sara

Sara

ragazzo

bambino

madre

amiche

137

SARA

10 Metti le frasi della canzone nella colonna giusta e completa la tabella.

pronomi riflessivi	pronomi diretti	pronomi indiretti
sveglia**ti** è primavera	**ti** porterei ogni giorno al mare	i vestiti non **ti** stanno più

11 Leggi questa lettera e sostituisci le parole evidenziate con i pronomi diretti o indiretti.

Gentile dottor Solvini,
sono disperata: ho un grave problema e non riesco a capire come risolvere **questo problema**. Sono una ragazza di 18 anni. Per 3 mesi sono uscita con un ragazzo che fa il meccanico in un paese a 30 km da dove abito. Ho conosciuto **questo ragazzo** una sera in discoteca, era venuto a ballare insieme a un gruppo di amici e subito, appena ho visto **questo ragazzo**, ho sentito un'emozione fortissima, come mai prima nella mia vita. Abbiamo ballato insieme tutta la sera e da quel momento siamo diventati inseparabili.
Adesso, improvvisamente, tutto è cambiato. Infatti una settimana fa ho scoperto di essere incinta; ho telefonato subito al mio fidanzato ma quando ho dato la notizia **al mio fidanzato**, lui mi ha detto che non voleva più vedermi e mi ha lasciato.
Ho pianto tantissimo, volevo morire: non potevo credere che lui si comportasse così!
Adesso non so che fare. Le mie amiche mi prendono in giro e dicono che dovrei abortire ma io non voglio ascoltare **le mie amiche**, perché mi sembrano ragazze molto superficiali e senza nessuna esperienza della vita.
Ai miei genitori invece ancora non ho detto niente, ho paura di sconvolgere **i miei genitori** con una notizia troppo scioccante. Mio padre ha una mentalità molto tradizionale e io temo che mi caccerebbe di casa; mia madre invece è più moderna, mi aveva sempre detto di stare attenta e di usare la pillola, purtroppo non ho dato retta **a mia madre** e adesso sono pentita.
Tra due mesi a scuola ci saranno gli esami: so già che non supererò **gli esami**, dopo quello che mi è successo non riesco più a studiare. Ho anche pensato di lasciare la scuola.
Come vede, dottor Solvini, sono molto confusa. Sono sola e ho tanto bisogno di aiuto. Per favore, mi consigli Lei cosa fare: con i miei genitori, con i miei studi e, soprattutto, con il mio bambino.

Franca

(da "Ragazza oggi")

ANTONELLO VENDITTI

12 Immagina di essere il dottor Solvini e rispondi alla lettera della ragazza.

Cara Franca,

13 Nel testo della canzone ci sono 7 verbi all'imperativo. Quali sono? Quali hanno il pronome?

14 Ricomponi le frasi.

a) ogni giorno   i soldi   se   porterei   al mare   ti   avessi

b) tempo   a far l'amore   avessi   ogni giorno   porterei   se   ti

139

SARA

15 Collega le frasi di sinistra con quelle di destra, come nell'esempio.

a) **Se avessi una casa al mare**   h) viaggerebbe più spesso.

b) Se fossi un politico   i) **ci passerei tutta l'estate.**

c) Se Rita non avesse paura dell'aereo   l) vorrei essere un musicista.

d) Se parlassi un italiano perfetto   m) sarebbero una bellissima coppia.

e) Se potessi rinascere   n) dormiresti meglio.

f) Se tu non fossi così nervoso   o) non avrei bisogno di frequentare questo corso.

g) Se Anna e Marco non litigassero   p) mi preoccuperei di dare lavoro ai giovani.

16 Le frasi dell'attività precedente ti mostrano un modo per fare le ipotesi in italiano. Osservale e cerca di capire qual è la regola. Poi discuti con un compagno.

17 Se fossi un altro.

Se sei un uomo leggi qui
Come cambierebbe la tua vita se fossi una donna? Scrivi alcune righe partendo dalla frase "Se io fossi una donna..." e poi confrontati con un compagno (possibilmente di sesso opposto al tuo).

Se sei una donna leggi qui
Come cambierebbe la tua vita se fossi un uomo? Scrivi alcune righe partendo dalla frase "Se io fossi un uomo..." e poi confrontati con un compagno (possibilmente di sesso opposto al tuo).

ANTONELLO VENDITTI

18 Completa la coniugazione del congiuntivo imperfetto.

IL CONGIUNTIVO IMPERFETTO

	essere	parl**are**	av**ere**	dorm**ire**
io	**fossi**	parl**assi**		dorm**issi**
tu				
lui/lei	**fosse**		av**esse**	
noi		parl**assimo**		
voi	**foste**		av**este**	dorm**iste**
loro			av**essero**	

19 Cosa faresti se...?
Disponetevi in circolo intorno a un tavolo. Individualmente, pensate a delle domande che inizino con le parole "Cosa faresti se..." (esempio: "Cosa faresti se avessi due vite?", "Cosa faresti se fossi un importante uomo politico?", ecc.) e scrivetele su dei bigliettini (un bigliettino per ogni domanda). Ripiegate i bigliettini e metteteli al centro del tavolo. A turno, ognuno di voi estrae un bigliettino dal mucchio e legge la domanda a cui dovrà rispondere.

20 Completa le frasi e poi confronta le tue ipotesi con quelle di un compagno.

SE ...		FAREI ...
a) Se avessi tanti soldi	→	
b)	→	mi arrabbierei.
c) Se avessi dei poteri magici	→	
d)	→	farei una grande festa.
e)	→	non uscirei di casa.
f) Se sapessi che ho solo due giorni di vita	→	
g)	→	mi metterei un vestito elegante.
h) Se il mio partner mi tradisse	→	

Adesso racconta a un secondo compagno quello che ti ha detto il tuo amico.

SARA

21 Coniuga i verbi al tempo giusto. Poi ascolta la canzone e verifica.

Sara, (svegliarsi) _____ è primavera
Sara, sono le sette e tu devi andare a scuola
oh oh oh Sara, (prendere) _____ tutti i libri
ed (accendere) _____ il motorino
e poi attenta (ricordarsi) _____ che aspetti un bambino
Sara, se (avere) _____ i soldi ti (portare) _____ ogni giorno al mare
Sara, se (avere) _____ tempo ti (portare) _____ ogni giorno a far l'amore
oh oh ma Sara, mi devo laureare
e forse un giorno ti (sposare) _____
magari in chiesa
dove tua madre sta aspettando
per poter piangere un po'
Sara, tu (andare) _____ dritta non ti devi vergognare
le tue amiche
(dare) _____ retta a me lasciale tutte parlare
oh oh oh Sara, è stato solo amore
se nel banco non c'entri più
tu sei bella
anche se i vestiti non ti stanno più
Sara, mentre (dormire) _____ l' (sentire) _____ respirare
Sara, mentre (dormire) _____ ti (battere) _____ forte il cuore
oh oh oh Sara, tu non sei più sola
il tuo amore gli (bastare) _____
il tuo bambino se ci credi (nascere) _____
Sara Sara Sara

22 Ora riscrivi la canzone, immaginando che il ragazzo dia del Lei a Sara. Attento ai verbi e ai pronomi!

Signorina Sara, si svegli è primavera...

142

15. DOTTI, MEDICI E SAPIENTI
Edoardo Bennato

DOTTI, MEDICI E SAPIENTI

difficoltà linguistica:	***
contenuti grammaticali:	congiuntivo presente, forma passiva con i verbi andare e dovere
contenuti comunicativi:	dare ordini formali, esprimere sentimenti e opinioni, esprimere rammarico
contenuti culturali:	scuola, salute, Pinocchio
genere musicale:	aria operistica

EDOARDO BENNATO

Chi è - Cantautore napoletano, è considerato il Bob Dylan italiano per lo stile sarcastico e la critica sociale che caratterizza le sue canzoni. È stato definito anche "il menestrello rock". È nato a Napoli nel 1949.

La sua musica - La musica di Bennato spazia dal rock'n'roll al blues, dall'opera alle canzoni popolari; mescola ritmi mediterranei e tradizionali come la "tammurriata" e ritmi moderni, suoni etnici e melodie classiche. Accompagnato sempre dalla sua chitarra, Bennato usa l'allegoria e il sarcasmo per denunciare le contraddizioni della società e prendere in giro i potenti. Nel 1977 pubblica l'album che lo porta al successo, "Burattino senza fili", ispirato alla favola di Pinocchio. Qualche anno dopo torna ancora al mondo delle favole per raccontare in musica la storia di Peter Pan nell'album "Sono solo canzonette", che resta in testa alle classifiche italiane per 4 mesi. Con "Viva la mamma" nel 1989 realizza un altro successo. Anche i suoi concerti richiamano sempre un grande pubblico.

Curiosità - Inizia la carriera suonando da "uomo-orchestra" (chitarra, armonica e tamburello) nelle strade e nella metro di Londra. Nel 1990 canta in coppia con Gianna Nannini la canzone "Un'estate italiana", sigla del campionato del mondo di calcio che si gioca in Italia.

Dotti, medici e sapienti - È uno dei brani di "Burattino senza fili", l'album ispirato alla favola di Pinocchio, che nel 1976 fa conoscere Bennato al grande pubblico. Con il suo tipico tono sarcastico (sottolineato dalla musica di genere operistico) Bennato descrive un convegno di illustri professori che discutono il caso di uno studente il quale, come un moderno Pinocchio, non vuole andare a scuola.

CANTA CHE TI PASSA

1 Scegli le affermazioni che si avvicinano di più alla tua esperienza di studente.

- La maggior parte di quello che so l'ho imparato
  - **a scuola** ☐
  - **fuori dalla scuola** ☐

- Da bambino andare a scuola
  - **mi piaceva** ☐
  - **non mi piaceva** ☐

- In generale ho avuto insegnanti
  - **buoni** ☐
  - **soddisfacenti** ☐
  - **cattivi** ☐

- Di tutti gli insegnanti che ho avuto,
  - **ne ricordo uno in particolare** ☐
  - **non ne ricordo nessuno in particolare** ☐

- Con lo studio ho sempre avuto
  - **pochi problemi** ☐
  - **molti problemi** ☐

- Di solito prima di un esame sono
  - **abbastanza tranquillo** ☐
  - **molto nervoso** ☐

- Nella mia esperienza di studente ho provato più spesso
  - **paura** ☐
  - **noia** ☐
  - **frustrazione** ☐
  - **curiosità** ☐
  - **divertimento** ☐
  - **soddisfazione** ☐

Ora confronta le tue risposte con quelle di un compagno e ricorda qualche episodio particolare della tua vita scolastica.

2 Ascolta la canzone. Poi scegli la situazione che meglio descrive il contenuto.

a) a un congresso, un giovane spiega ai medici e ai professori che è molto malato e che quindi non può andare a scuola ☐

b) a un congresso di medicina si discutono i casi di alcuni ragazzi malati ☐

c) a un congresso, medici e professori discutono il caso di un giovane che non vuole studiare ☐

d) a un congresso, medici e studenti discutono il caso di un professore che non vuole insegnare perché dice di essere malato ☐

3 Ascolta di nuovo la canzone (se necessario più di una volta) e cerca di capire quali sono le diverse opinioni dei medici e dei sapienti sul giovane. Poi confrontati con un compagno.

EDOARDO BENNATO

4 Completa il testo con le parole mancanti. Poi ascolta la canzone e verifica.

E nel nome del progresso
_____ sia aperto
parleranno tutti quanti
dotti, medici e sapienti.

Tutti intorno al capezzale
di un malato molto grave
anzi già qualcuno ha detto
che il malato _____ morto.

Così giovane _____
che si sia così conciato
si dia quindi la parola
al Rettore della scuola.

Sono a tutti molto grato
di _____ consultato
per me _____ è lampante
costui è solo un commediante!

No, non è _____ contraddire
il collega professore
ma costui è un disadattato,
che sia subito internato!

Al congresso sono tanti
dotti, medici e sapienti,
per parlare, giudicare,
valutare e provvedere,
e trovare dei rimedi,
per il giovane in questione.

Questo giovane è malato
so io _____ va curato
ha già troppo contagiato
deve _____ isolato!

Son sicuro ed ho le prove
questo è un caso molto grave
trattamento radicale quindi
_____ finisca male!

Mi _____ dissentire
per me il caso è elementare
il ragazzo è un immaturo
non ha fatto il militare!

ESSERE   PER
PRIMA CHE   DISPIACE
È UN PECCATO   ESSER STATO
NON DOVREI   MAI
IL CASO   COME
IL DIBATTITO   È QUASI

Al congresso sono tanti
dotti, medici e sapienti,
per parlare, giudicare,
valutare e provvedere,
e trovare dei rimedi,
per il giovane in questione.

Permettete una parola,
io non sono _____ andato a scuola
e fra gente importante,
io che non valgo niente
forse _____ neanche parlare,
ma dopo quanto avete detto,
io non posso più stare zitto,
e perciò prima che mi possiate fermare
devo urlare, e gridare,
io lo devo avvisare,
di alzarsi e scappare
anche se si sente male

Dai, scappa! Scappa! Scappa!
Prendetelo! Prendetelo! Prendetelo!
Guardie! Guardie!......

5 Ora rileggi il testo della canzone e verifica le ipotesi che hai fatto nell'attività 3.

145

DOTTI, MEDICI E SAPIENTI

6 Cerca queste espressioni nel testo e poi metti una X sul significato giusto.

capezzale
- [ ] a) il letto di una persona malata
- [ ] b) casa con giardino

si sia ... conciato → inf. conciarsi
- [ ] c) diventare bello, diventare più attraente
- [ ] d) diventare brutto, mettersi addosso strane cose, sporcarsi

(essere) grato
- [ ] e) (essere) arrabbiato
- [ ] f) (essere) contento, (essere) felice

lampante
- [ ] g) chiaro, evidente
- [ ] h) difficile, complicato

costui
- [ ] i) questa persona
- [ ] j) ora, adesso

contraddire
- [ ] k) dire il contrario, esprimere un'opinione contraria
- [ ] l) dire la stessa cosa

disadattato
- [ ] m) persona che sta molto bene
- [ ] n) persona non integrata nella società

sia ... internato → inf. internare
- [ ] o) chiudere in un centro per malati di mente
- [ ] p) liberare, lasciar uscire

rimedi
- [ ] q) soluzioni
- [ ] r) problemi

trattamento
- [ ] s) cura, terapia
- [ ] t) malattia

dissentire
- [ ] u) essere d'accordo
- [ ] v) non essere d'accordo

immaturo
- [ ] w) persona che è diventata adulta molto presto
- [ ] y) persona che non è ancora diventata adulta

valgo → inf. valere
- [ ] z) avere voglia di qualcosa, volere qualcosa
- [ ] aa) avere valore, avere importanza

E nel nome del progresso
il dibattito sia aperto
parleranno tutti quanti
dotti, medici e sapienti.

Tutti intorno al capezzale
di un malato molto grave
anzi già qualcuno ha detto
che il malato è quasi morto.

Così giovane è un peccato
che si sia così conciato
si dia quindi la parola
al Rettore della scuola.

Sono a tutti molto grato
di esser stato consultato
per me il caso è lampante
costui è solo un commediante!

No, non è per contraddire
il collega professore
ma costui è un disadattato,
che sia subito internato!

Al congresso sono tanti
dotti, medici e sapienti,
per parlare, giudicare,
valutare e provvedere,
e trovare dei rimedi,
per il giovane in questione.

Questo giovane è malato
so io come va curato
ha già troppo contagiato
deve essere isolato!

Son sicuro ed ho le prove
questo è un caso molto grave
trattamento radicale quindi
prima che finisca male!

Mi dispiace dissentire
per me il caso è elementare
il ragazzo è un immaturo
non ha fatto il militare!

Al congresso sono tanti
dotti, medici e sapienti,

per parlare, giudicare,
valutare e provvedere,
e trovare dei rimedi,
per il giovane in questione.

Permettete una parola,
io non sono mai andato a scuola
e fra gente importante,
io che non valgo niente
forse non dovrei neanche parlare,
ma dopo quanto avete detto,
io non posso più stare zitto,
e perciò prima che mi possiate fermare
devo urlare, e gridare,
io lo devo avvisare,
di alzarsi e scappare
anche se si sente male

Dai, scappa! Scappa! Scappa!
Prendetelo! Prendetelo! Prendetelo!
Guardie! Guardie!......

Dotti, medici e sapienti - © Copyright 1977 by MUSIC UNION S.r.l. - Milano (ex MODULO UNO)/ BMG RICORDI S.p.A. (ex PEGASO) - Milano/ED. MUS. CINQUANTACINQUE S.r.l. - Napoli Per gentile concessione di MUSIC UNION S.r.l./BMG RICORDI S.p.A. - ED. MUS. CINQUANTACINQUE S.r.l.

EDOARDO BENNATO

7 Trova tre aggettivi per definire la canzone. Poi discuti con un compagno.

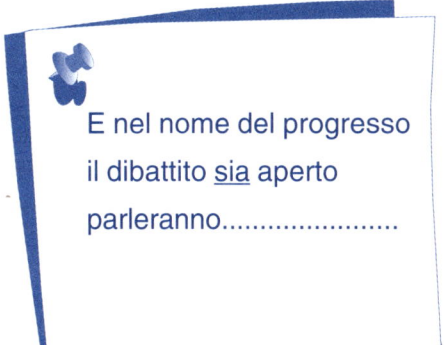

> E nel nome del progresso
> il dibattito sia aperto
> parleranno......................

8 Rileggi il testo della canzone e sottolinea tutti i verbi al congiuntivo, come nell'esempio.

9 Metti al posto giusto nella tabella i congiuntivi che hai trovato, come nell'esempio.

congiuntivo usato per dare un ordine (o suggerimento) formale	congiuntivo usato dopo una frase impersonale	congiuntivo usato dopo una congiunzione	congiuntivo usato dopo un verbo di opinione o di sentimento
il dibattito **sia** aperto			

10 Ora inserisci nella tabella precedente anche queste frasi.

a) È meglio che tuo padre non **veda** quello che hai fatto.
b) Credo che Carla non **stia** bene.
c) Non **apra** quella porta!
d) Mi auguro che questa brutta storia **finisca** presto.
e) Malgrado non **sia** più tanto giovane, Aldo è ancora un bell'uomo.
f) È ingiusto che nel mondo ci **sia** ancora tanta povertà.
g) D'accordo, stasera andrò a trovare Paolo, a patto che **venga** anche tu.
h) **Prenda** l'autobus 64 e **scenda** alla terza fermata.

DOTTI, MEDICI E SAPIENTI

11 Completa la coniugazione del congiuntivo presente (verbi regolari e irregolari) con i verbi della lista.

VERBI REGOLARI

> apriate - apriamo - vediate - apra - finisca - vedano - apra - veda - veda - aprano - finisca - finiamo - apra - finiscano - veda - finisca - vediamo - finiate

	parl**are**	ved**ere**	apr**ire**	fin**ire**
io	parl**i**			
tu	parl**i**			
lui/lei	parl**i**			
noi	parl**iamo**			
voi	parl**iate**			
loro	parl**ino**			

VERBI IRREGOLARI

> diamo - possano - siamo - possa - siano - dia - siate - possa - diate - sia - dia - sia - possiate - sia - dia - possa - diano - possiamo

	essere	**dare**	**potere**
io			
tu			
lui/lei			
noi			
voi			
loro			

EDOARDO BENNATO

12 Come hai visto, il congiuntivo si usa anche per dare ordini o suggerimenti in modo formale (imperativo di cortesia). Qui sotto trovi i suggerimenti che il medico ha dato al signor Pino Lasagna per dimagrire. Guarda l'esempio e scrivi le altre frasi nella forma corretta.

- mangiare poco e spesso	→	*"Mangi poco e spesso!"*
- mettere poco olio nell'insalata	→	
- prendere il caffè senza zucchero	→	
- cercare di mangiare pochi grassi	→	
- non esagerare con i dolci	→	
- bere molta acqua	→	
- fare un po' di sport	→	
- andare al lavoro in bicicletta	→	
- usare poco la macchina	→	

DOTTI, MEDICI E SAPIENTI

13 Ora lavora con un compagno. Uno di voi due è il paziente, l'altro il medico. Alla fine scambiatevi i ruoli.

Se sei il paziente, scegli una di queste tre situazioni:

L'insonne
La notte non riesci a dormire. Per questo durante il giorno sei sempre stanco e lavori male. Sei stressato, nervoso, preoccupato. Vai dal medico e gli spieghi la situazione.

L'influenzato
Hai preso una brutta influenza: hai il raffreddore, la tosse molto forte, il mal di gola e la febbre alta. Telefoni al medico per chiedergli cosa devi fare.

L'anemico
Da un po' di tempo ti senti debole, senza forze. Ti stanchi subito, non riesci a fare niente. Siccome non hai fame e mangi poco, hai perso molto peso. Vai dal medico e gli spieghi la situazione.

Se sei il medico:
ascolta i problemi del tuo paziente; fagli delle domande per capire meglio la situazione; infine dagli dei consigli. Qui sotto hai alcuni esempi di quello che puoi dire. Attenzione: i verbi vanno coniugati al congiuntivo!

- non fumare
- fare delle analisi del sangue
- riposarsi
- sforzarsi di mangiare
- cercare di rilassarsi
- non uscire
- andare a respirare un po' d'aria pura
- prendere delle vitamine
- bere una camomilla prima di andare a letto
- stare a letto
- mangiare poco la sera
- andare a letto presto
- mangiare molta carne
- prendere un sonnifero
- non stancarsi troppo
- prendere degli antibiotici
- bere un po' di vino rosso durante i pasti
- eliminare il caffè
- non prendere freddo
- lavorare di meno
- prendersi una vacanza

EDOARDO BENNATO

14 "Dotti medici e sapienti" fa parte di un album di canzoni che Edoardo Bennato ha scritto ispirandosi alla storia di Pinocchio. Cosa sai di questo popolare personaggio della letteratura italiana? Parlane con alcuni compagni. Poi scrivete su un foglio tutte le informazioni che avete.

15 Gara di bugie.
Pinocchio, com'è noto, dice sempre bugie e per questo ha il naso lungo. E tu? Ricordi un episodio della tua vita in cui hai detto una bugia? Perché lo hai fatto? Com'è finita? Raccontalo ai compagni. Poi, insieme a loro, vota la bugia più divertente.

16 Osserva i due testi. Quali modifiche sono state fatte nel testo n° 2? Secondo te, il significato delle frasi è cambiato? Parlane con un compagno.

1. Testo originale

Questo giovane è malato
so io come va curato
ha già troppo contagiato
deve essere isolato!

2. Testo cambiato

Questo giovane è malato
so io come deve essere curato
ha già troppo contagiato
va isolato!

17 Come hai visto sopra, il verbo "andare" può essere usato con il significato di "dover essere". Riscrivi le frasi, sostituendo "dovere + essere" con il verbo "andare", come nell'esempio.

Questo vino **deve essere** bevuto freddo → *Questo vino va bevuto freddo!*
a) La pasta deve essere mangiata al dente. → _____
b) Il computer deve essere riparato. → _____
c) Quest'uomo deve essere ascoltato. → _____
d) La signora deve essere accompagnata alla stazione. → _____
e) Le persone anziane devono essere rispettate. → _____
f) I bambini piccoli non devono essere lasciati soli. → _____
g) Questa lettera non doveva essere aperta. → _____
h) Ai signori dovrà essere preparata una cena vegetariana. → _____

DOTTI, MEDICI E SAPIENTI

18 Completa il testo con i verbi al tempo giusto. Poi ascolta la canzone e verifica.

E nel nome del progresso
il dibattito (essere) _____ aperto
parleranno tutti quanti
dotti, medici e sapienti.

Tutti intorno al capezzale
di un malato molto grave
anzi già qualcuno ha detto
che il malato è quasi morto.

Così giovane è un peccato
che (conciarsi) _____ così _____
si (dare) _____ quindi la parola
al Rettore della scuola.

Sono a tutti molto grato
di esser stato consultato
per me il caso è lampante
costui è solo un commediante!

No, non è per contraddire
il collega professore
ma costui è un disadattato,
che (essere) _____ subito internato!

Al congresso sono tanti
dotti, medici e sapienti,
per parlare, giudicare,
valutare e provvedere,
e trovare dei rimedi,
per il giovane in questione.

Questo giovane è malato
so io come (andare) _____ curato
ha già troppo contagiato
(dovere) _____ essere isolato!

Son sicuro ed ho le prove
questo è un caso molto grave
trattamento radicale quindi
prima che (finire) _____ male!

Mi dispiace dissentire
per me il caso è elementare
il ragazzo è un immaturo
non ha fatto il militare!

Al congresso sono tanti
dotti, medici e sapienti,
per parlare, giudicare,
valutare e provvedere,
e trovare dei rimedi,
per il giovane in questione.

Permettete una parola,
io non sono mai andato a scuola
e fra gente importante,
io che non valgo niente
forse non dovrei neanche parlare,
ma dopo quanto avete detto,
io non posso più stare zitto,
e perciò prima che mi (potere) _____ fermare
devo urlare, e gridare,
io lo devo avvisare,
di alzarsi e scappare
anche se si sente male

Dai, scappa! Scappa! Scappa!
Prendetelo! Prendetelo! Prendetelo!
Guardie! Guardie!......

19 Andiamo a teatro.
La tua compagnia teatrale (5-7 studenti) sta preparando uno spettacolo dal titolo "Dotti, medici e sapienti". Partendo dal testo della canzone, scrivete una piccola sceneggiatura. Poi assegnatevi i ruoli: il narratore, il giovane malato, il Rettore, gli altri medici e sapienti, l'uomo che non è mai andato a scuola. Provate le varie parti. Infine rappresentate lo spettacolo davanti alla classe. Vincerà quello più divertente.

GUIDA DELL'INSEGNANTE

GUIDA DELL'INSEGNANTE

CI VUOLE UN FIORE

Attività 1. È un'attività di preascolto o motivazione all'ascolto. Va svolta prima dell'ascolto della canzone (attività 2).

Attività 2. Va fatta ascoltare <u>solo la prima strofa</u> della canzone (fino a "per fare un tavolo ci vuole un fiore"), interrompendo subito prima dell'inizio del coro dei bambini.

Attività 3. Anche in questa attività, è importante far ascoltare <u>solo la prima strofa</u>, interrompendo subito prima dell'inizio del coro dei bambini.

Attività 6. La prima fase dell'attività (completa il testo con le parole mancanti) è solo sul testo scritto e deve essere svolta dagli studenti senza l'aiuto dell'ascolto della canzone. L'ascolto va proposto successivamente, come verifica del lavoro effettuato.

Attività 13. Come nell'attività 6, la prima fase dell'attività (completa il testo con gli articoli) è solo sul testo scritto e deve essere svolta dagli studenti senza l'aiuto dell'ascolto della canzone. L'ascolto va proposto successivamente, come verifica del lavoro effettuato.

Attività 15. L'attività può essere svolta anche a squadre.

Attività 16. La canzone in mille pezzi. Istruzioni:

<u>Prima della lezione</u>

- fotocopiare la tabella a pag. 155 (una copia per ogni squadra che partecipa al gioco)
- ritagliare da ogni fotocopia i 12 riquadri della prima strofa e i 14 riquadri della seconda strofa e metterli in una busta

<u>In classe</u>

- formare delle squadre
- consegnare a ogni squadra una busta contenente i 26 riquadri
- comunicare agli studenti che al "via!" dell'insegnante dovranno aprire le buste, estrarre i riquadri e ordinarli in modo da ricostruire le 2 strofe della canzone; spiegare che le due strofe sono riconoscibili perché le frasi della seconda sono sottolineate
- dare il "via!"
- girare per la classe e verificare il lavoro degli studenti; dopo una quindicina di minuti, se nessuna squadra ha ancora dato la soluzione, far ascoltare di nuovo la canzone. Vince la squadra che per prima fornisce la soluzione

Attività 17. Karaoke. Dividere gli studenti in due squadre. A turno ogni squadra canta la canzone ascoltando il CD e leggendo il testo. Ad un tratto l'insegnante abbassa il volume del CD per poi rialzarlo dopo qualche battuta. Nel frattempo gli studenti devono continuare a cantare. Vince la squadra che riesce a tenere meglio il tempo.

GUIDA DELL'INSEGNANTE

LA CANZONE IN MILLE PEZZI

PRIMA STROFA	SECONDA STROFA
Per fare un tavolo	Per fare un fiore
ci vuole il legno	ci vuole un ramo
per fare il legno	per fare il ramo
ci vuole l'albero	ci vuole l'albero
per fare l'albero	per fare l'albero
ci vuole il seme	ci vuole il bosco
per fare il seme	per fare il bosco
ci vuole il frutto	ci vuole il monte
per fare il frutto	per fare il monte
ci vuole il fiore	ci vuol la terra
per fare un tavolo	per far la terra
ci vuole un fiore	ci vuole un fiore
	per fare tutto
	ci vuole un fiore

155

GUIDA DELL'INSEGNANTE

E PENSO A TE

Attività 2. Naturalmente, per la riuscita dell'attività, bisogna che gli studenti non abbiano già letto il titolo.

Attività 11. Il gioco delle domande. Istruzioni:

Prima della lezione

- ingrandire, fotocopiare e ritagliare le carte con le domande a pag. 157 (i 18 riquadri sotto le 3 colonne con i punti)
- scrivere sul retro di ogni carta la parola con cui inizia la domanda (come, dove, chi, cosa, quando, quale) e quanti punti vale (5, 10 o 15)
- dividere le carte in sei mazzetti da tre (es.: le tre domande con "come" in un mazzo, le tre domande con "dove" in un altro mazzo, ecc.)

In classe

- dividere gli studenti in due squadre
- disporre i sei mazzetti a ventaglio su un tavolo al centro dell'aula in modo che sia ben visibile la scritta su ogni carta (es.: "come - 5 punti", "come - 10 punti", ecc.)
- a turno ogni squadra sceglie una domanda a cui rispondere; se la risposta è esatta guadagna il punteggio scritto sulla carta, se è sbagliata la squadra avversaria può tentare a sua volta di rispondere
- vince la squadra che realizza più punti

LA FELICITÀ

Attività 1. Prima di far ascoltare la canzone, spiegare agli studenti che in questa attività devono concentrarsi solo sulla musica senza preoccuparsi di capire le parole.

Attività 3. Naturalmente, per la riuscita dell'attività, bisogna che gli studenti non abbiano già letto il titolo.

Attività 5. Le parole *"baila baila... vamos adelante"* sono in lingua spagnola e significano *"balla balla... forza andiamo"*.

Attività 11. Pioggia di idee. Dire agli studenti di pensare a tutto il lessico legato all'argomento "vacanze" (mezzi di trasporto, stagioni, luoghi, alloggio, ecc,) e scrivere le loro proposte alla lavagna.

BELLA

Attività 1. Pioggia di idee. Dire agli studenti di pensare agli aggettivi che si usano per descrivere il fisico e il carattere di una persona e scrivere le loro proposte alla lavagna.

Attività 3. Naturalmente, per la riuscita dell'attività, bisogna che gli studenti non abbiano già letto il titolo.

Attività 4. Prima di svolgere l'attività, far coprire il testo della canzone.

Attività 5. "Mariposa" in spagnolo significa "farfalla".

Attività 19. Karaoke. Dividere gli studenti in due squadre. A turno ogni squadra canta la canzone "Bella" mentre ascolta il CD. L'insegnante abbassa il volume dopo l'inizio della seconda strofa (*Bella come una mattina d'acqua cristallina...*) per poi rialzarlo qualche battuta dopo. Gli studenti devono continuare a cantare. La squadra che riesce a tenere meglio il tempo vince.

GUIDA DELL'INSEGNANTE

IL GIOCO DELLE DOMANDE

	5 punti	10 punti	15 punti
COME	Come rispondiamo a qualcuno che dice "grazie"?	Come si chiama il fratello della madre?	Come si fanno gli spaghetti alla carbonara?
DOVE	Dov'è il Colosseo?	Dove lavora un cameriere?	Dove gioca la Juventus?
CHI	Chi è Giorgio Armani?	Chi ha scritto la "Divina Commedia"?	Chi era Federico Fellini?
COSA	Cosa diciamo prima di andare a letto?	Cos'è un "latte macchiato"?	Cosa compriamo in macelleria?
QUANDO	Quando diciamo "tanti auguri"?	Quando diciamo "in bocca al lupo"?	Quando si mangiano il panettone e il pandoro?
QUALE	Qual è la seconda città italiana per numero di abitanti?	Qual è il fiume più lungo d'Italia?	Qual è il presente indicativo del verbo "venire"?

GUIDA DELL'INSEGNANTE

NON È

Attività 1. Prima di far ascoltare la canzone, spiegare agli studenti che in questa attività devono concentrarsi solo sulla musica senza preoccuparsi di capire le parole.

Attività 3. Naturalmente, per la riuscita dell'attività, bisogna che gli studenti non abbiano già letto il titolo.

Attività 6. Formare delle coppie. Per una migliore riuscita dell'attività sarebbe bene che ogni studente avesse solo le proprie istruzioni. A tal fine si possono fare delle fotocopie, ritagliando i diversi compiti; oppure si può far uscire una metà degli studenti dall'aula (per es. tutti gli studenti B) e comunicare prima a un gruppo e poi all'altro i rispettivi compiti.

Attività 7. Prima di svolgere l'attività, far coprire il testo della canzone.

Attività 12. Pioggia di idee. Dire agli studenti di pensare a tutto il lessico legato all'argomento "clima" (fa caldo, fa freddo, piove, c'è il sole, ecc.) e scrivere le loro proposte alla lavagna.

Attività 16. Il gioco del "Non è". Si formano due squadre. Ogni squadra sceglie tra i propri componenti uno studente (un concorrente) da far uscire dall'aula. Mentre i due concorrenti sono fuori, l'insegnante comunica alle due squadre il nome di una persona (un componente della classe o anche un personaggio famoso) da far indovinare ai due che sono usciti. Rientrati i due concorrenti, a turno gli altri studenti danno una definizione della persona da indovinare, usando la forma negativa. Esempio: "non è una donna", "non è italiano", "non è biondo", "non ha gli occhiali", ecc. Quando uno dei due concorrenti pensa di aver capito, dice il nome della persona misteriosa. Se la risposta è giusta, la sua squadra guadagna due punti, se invece è sbagliata, perde un punto. Ogni volta che il nome viene indovinato, si cambiano i concorrenti. In classi molto numerose, si possono formare anche più di due squadre.

MI PIACE

Attività 2. Naturalmente, per la riuscita dell'attività, bisogna che gli studenti non abbiano già letto il titolo.

Attività 4. Gli studenti ascoltano la canzone e verificano l'attività 3. Se necessario, far ascoltare più volte la canzone, procedendo a dei confronti a coppia dopo ogni ascolto.

Attività 14. Karaoke. Dividere la classe in tre gruppi. Il gruppo n. 1 lavora sulla prima e la seconda strofa (da "Giro i negozi" a "perché ti voglio bene") e sul ritornello ("mi piace, mi piace..."); il gruppo n. 2 sulla terza e la quarta strofa (da "Frego la macchina di mio padre" a "perché ti voglio bene") e sul ritornello; il gruppo n. 3 lavora sulla sesta e la settima strofa (da "Imparo a memoria le favole" a "perché ti voglio bene") e sul ritornello. Gli studenti ripetono tra loro più volte le strofe concentrandosi su intonazione e pronuncia. Dopodiché si procede alla prova di canto: con la canzone in sottofondo, i 3 gruppi si alternano cantando le strofe su cui hanno lavorato, e cantano tutti insieme il ritornello.

Attività 17 e 18. Questi due esercizi sono indicati per classi in cui sia già stato introdotto l'uso dei pronomi. Un altro possibile esercizio consiste nel dare il testo della canzone con degli spazi vuoti da riempire in corrispondenza dei pronomi.

GUIDA DELL'INSEGNANTE

PORTA PORTESE

Attività 1. Spiegare agli studenti che devono fare una lettura selettiva, cercando nel testo solo le informazioni necessarie per completare la tabella. Non è quindi importante capire tutte le parole.

Attività 3. Naturalmente, per la riuscita dell'attività, bisogna che gli studenti non abbiano già letto il titolo.

Attività 4. Poiché la domanda ha un carattere soggettivo, non è importante verificare la correttezza delle risposte fornite dagli studenti. Il significato del testo della canzone si chiarirà gradatamente, con lo svolgimento delle attività successive.

Attività 8. Formare delle coppie. Per una migliore riuscita dell'attività sarebbe bene che ogni studente avesse solo le proprie istruzioni. A tal fine si possono fare delle fotocopie, ritagliando i diversi compiti; oppure si può far uscire una metà degli studenti dall'aula (per es. tutti gli studenti B) e comunicare prima a un gruppo e poi all'altro i rispettivi compiti.

Attività 17. Ritorno al passato. Si formano due squadre. A turno, ogni squadra dice una frase che descrive un'azione immediatamente precedente all'ultima effettuata dal signor Melandri. Esempio:

frase di partenza: e infine a mezzanotte è andato a letto.
squadra n. 1: si è messo il pigiama
squadra n. 2: è entrato in casa
squadra n. 1: ha parcheggiato la macchina
ecc.

Ogni squadra ha 30 secondi per formulare una frase. Se la frase è corretta guadagna un punto, se la frase è sbagliata il punto viene guadagnato dalla squadra che per prima fornisce la versione corretta. Vince la squadra che totalizza più punti.

Attività 19. Karaoke. Dividere gli studenti in due squadre. A turno ogni squadra canta la canzone mentre ascolta il CD. L'insegnante abbassa il volume all'inizio del ritornello ("Porta Portese Porta Portese...") per poi rialzarlo qualche battuta dopo. Gli studenti devono continuare a cantare. La squadra che riesce a tenere meglio il tempo vince.

Attività 20. Formare dei gruppi di 3 studenti. Come per l'attività 8, sarebbe bene che ogni studente avesse solo le proprie istruzioni. A tal fine si possono fare delle fotocopie, ritagliando i diversi compiti. Attenzione: non è importante che il sesso degli studenti sia effettivamente quello dei personaggi che dovranno interpretare; trattandosi di un role-play, gli uomini possono ricoprire anche ruoli femminili e le donne ruoli maschili.

LA GATTA

Attività 1. Far ascoltare più volte solo i primi 10 secondi della canzone, interrompendo l'audio immediatamente prima dell'ingresso del cantante. È importante, per la riuscita dell'attività, che gli studenti in questa fase ascoltino solo la musica e non le parole.

Attività 3. Per il momento gli studenti lavorano solo sul testo scritto, senza ascoltare la canzone.

Attività 4. Poiché le strofe 3 e 4 si ripetono due volte, per evitare confusioni interrompere l'ascolto alla fine della quarta strofa, prima della ripetizione.

Attività 14. È un'attività di produzione orale, gli studenti non scrivono.

Attività 20. Karaoke. Dividere la classe in due squadre. La squadra n. 1 lavora sulla prima e la seconda strofa, la squadra n. 2 sulla terza e la quarta strofa. Gli studenti ripetono tra loro più volte le strofe concentrandosi su intonazione e pronuncia. Dopodiché si procede alla prova di canto: con la canzone in sottofondo, ogni squadra canta le strofe su cui ha lavorato. Vince la squadra che tiene meglio il tempo.

GUIDA DELL'INSEGNANTE

UN RAGGIO DI SOLE

Attività 1. Far ascoltare solo i primi 40 secondi della canzone (dall'inizio fino alla frase "*se dico forza attacchi o ti difendi*").

Attività 2. Far ascoltare solo i primi 2 minuti della canzone (fino al ritornello "*ti porto in dono un raggio di sole per te*"). A questo punto gli studenti dovrebbero essere in grado di capire qual è l'argomento del testo. Se necessario, far ascoltare ancora.

Attività 5. Gli studenti lavorano in coppia e fanno ipotesi sul contenuto del testo. Se necessario, far riascoltare la canzone.

VISTO CHE MI VUOI LASCIARE

Attività 1. Dividere la classe in due gruppi. Gli studenti del gruppo A lavorano individualmente sulla prima strofa della canzone, gli studenti del gruppo B sull'ultima.

Attività 2. All'interno di ogni gruppo, confronto a coppie tra gli studenti (uno studente A con uno studente A, uno studente B con uno studente B). L'insegnante gira per la classe e verifica la correttezza delle combinazioni di ogni coppia. Quando una coppia arriva alla soluzione, passa all'attività successiva, altrimenti continua il lavoro di ricostruzione.

Attività 4. Confronto incrociato tra gli studenti dei due gruppi (a coppie, uno studente del gruppo A con uno studente del gruppo B).

Attività 10. Formare delle coppie. Per una migliore riuscita dell'attività sarebbe bene che ogni studente avesse solo le proprie istruzioni. A tal fine si possono fare delle fotocopie, ritagliando i diversi compiti; oppure si può far uscire una metà degli studenti dall'aula (per es. tutti gli studenti B) e comunicare prima a un gruppo e poi all'altro i rispettivi compiti. Attenzione: non è importante che il sesso degli studenti sia effettivamente quello dei personaggi che dovranno interpretare; trattandosi di un role-play, gli uomini possono ricoprire anche ruoli femminili e le donne ruoli maschili.

Attività 14. Se il Paese di provenienza degli studenti è lo stesso, l'attività può essere svolta anche a gruppi.

Attività 18. Produzione scritta. Ogni gruppo inventa una storia che poi racconterà a tutta la classe. Dire agli studenti che la storia deve essere il più originale possibile. Al termine di ogni racconto gli studenti danno un voto alla storia appena ascoltata.

Attività 21. È un esercizio da proporre in classi di livello avanzato.

DOMENICA E LUNEDÌ

Attività 1. Soluzione dell'indovinello: il tempo. Attenzione, prima di svolgere l'attività, potrebbe essere necessario spiegare agli studenti cos'è e come funziona un indovinello.

Attività 2. Spiegare agli studenti che non devono creare un indovinello (risulterebbe un compito troppo difficile) ma scrivere una loro personale definizione del tempo. La domanda a cui devono rispondere è: "Come definiresti il tempo?"

GUIDA DELL'INSEGNANTE

Attività 10. Conosci l'Italia? Gioco a coppie.

Svolgimento

Ogni studente ha davanti a sé la propria cartina dell'Italia e la lista con i 12 nomi di luoghi geografici. Nella cartina dello studente A sono segnati i 12 nomi mancanti nella cartina dello studente B e viceversa. Idem per le due liste. Scopo del gioco è completare la cartina con i 12 nomi geografici mancanti.
Il gioco comincia con uno dei due studenti che sceglie dalla sua lista un nome di luogo geografico da inserire e gli attribuisce il numero che secondo lui gli corrisponde sulla cartina. L'avversario verifica sulla sua cartina se l'ipotesi del compagno è giusta.

Esempio (da riportare alla lavagna):
studente A: L'Umbria è al numero .... *(lo studente dice un numero)*. Posso prender**la**?
studente B: Sì, prendi**la**/No, hai sbagliato.

In caso di ipotesi giusta, lo studente A cancella il nome dalla lista e lo scrive nella cartina; se invece l'ipotesi è sbagliata o c'è un errore nell'uso dei pronomi, il nome rimane nella lista. Dopodiché il turno passa allo studente B. Vince lo studente che per primo riesce a posizionare tutti i nomi della sua lista nella cartina. **Nota:** è importante che gli studenti ripetano esattamente gli enunciati riportati alla lavagna, cambiando ogni volta solo il nome del luogo e il pronome. L'insegnante passa tra i banchi a controllare che il gioco si svolga secondo le regole e, in caso di contestazione, fa da arbitro.

TU NON MI BASTI MAI

Attività 4. Prima di proporre l'ascolto, far coprire il testo della canzone dell'attività 5.

Attività 8. Il gioco dei desideri. Formare due squadre. All'interno di ogni squadra, gli studenti confrontano i desideri che hanno scritto nell'attività 7. Ricopiano tutti i desideri su un unico foglio, facendo attenzione alla grammatica. Poi le due squadre iniziano a giocare: a turno, ogni squadra legge un desiderio dalla propria lista. L'altra squadra deve: a) dire se la frase è corretta e eventualmente correggerla (in caso di correzione esatta si guadagna 1 punto); b) indovinare chi è lo studente "proprietario" del desiderio (in caso di risposta esatta si guadagnano 2 punti). Vince la squadra che totalizza più punti.

ALLA FIERA DELL'EST

Attività 2. Spiegare che per "personaggio" qui si intende chi compie o subisce un'azione (animali, cose, persone o altre entità)

Attività 4. La canzone in mille pezzi.
Prima della lezione
- fotocopiare la tabella a pag. 162 (una copia per ogni squadra)
- ritagliare da ogni fotocopia i 30 riquadri e metterli in una busta

In classe
- formare delle squadre
- consegnare a ogni squadra una busta con i 30 riquadri ritagliati
- comunicare agli studenti che al "via!" dell'insegnante dovranno aprire le buste, estrarre i riquadri e combinarli tra loro (3 riquadri per ogni frase) in modo da ricostruire le 10 frasi della canzone nel giusto ordine. Per facilitare il compito, si può scrivere alla lavagna la prima frase
- dare il "via!"
- girare per la classe e verificare il lavoro degli studenti; dopo una quindicina di minuti, se nessuna squadra ha ancora dato la soluzione, far ascoltare di nuovo la canzone. Vince la squadra che per prima fornisce la soluzione

GUIDA DELL'INSEGNANTE

LA CANZONE IN MILLE PEZZI

mio padre	comprò	un topolino
il gatto	si mangiò	il topo
il cane	morse	il gatto
il bastone	picchiò	il cane
il fuoco	bruciò	il bastone
l'acqua	spense	il fuoco
il toro	bevve	l'acqua
il macellaio	uccise	il toro
l'angelo della morte	sul	macellaio
il Signore	sull'	angelo della morte

GUIDA DELL'INSEGNANTE

Attività 7. I verbi della canzone sono coniugati tutti al passato remoto. Il passato remoto ha lo stesso valore del passato prossimo. La differenza è soprattutto stilistica. Il passato remoto infatti si usa di più con i racconti di tipo favolistico, storico, mitologico, e nella narrativa in generale.

Attività 10. Per "favola" qui si intende anche fiaba, leggenda, storia mitologica, racconto della tradizione popolare, ecc.

SARA

Attività 1. Gli studenti lavorano prima da soli e poi in coppia. L'insegnante gira per la classe e verifica la correttezza delle combinazioni. Quando una coppia arriva alla soluzione, passa all'attività successiva, altrimenti continua il lavoro di ricostruzione.

Attività 4. L'insegnante non interviene per controllare l'esattezza delle risposte. La verifica sarà fatta dagli stessi studenti nell'attività 5 leggendo il testo della canzone.

Attività 7. L'età dei due ragazzi è facilmente deducibile se si considera che Sara va ancora a scuola e che il ragazzo frequenta l'Università. L'attività potrebbe fornire lo spunto per una discussione sulla diversa organizzazione dei sistemi scolastici nei vari Paesi (a che età si comincia ad andare a scuola, fino a che età arriva la scuola dell'obbligo, a che età si entra all'Università, ecc.)

Attività 8. Andiamo al cinema.
È una attività di produzione orale, gli studenti non scrivono. Può essere svolta a coppie o a piccoli gruppi.

Attività 22. Questa attività va bene per classi di livello avanzato, in cui sia stato già introdotto l'uso del congiuntivo come imperativo di cortesia. Per la presentazione di questa forma vedi la canzone "Dotti, medici e sapienti".

DOTTI, MEDICI E SAPIENTI

Attività 3. Gli studenti ascoltano la canzone e poi, a coppie, si scambiano informazioni su quello che hanno capito. In questa fase non è importante che arrivino a ricostruire esattamente tutte le diverse opinioni (il compito potrebbe risultare troppo difficile) ma che formulino delle ipotesi. Queste verranno poi verificate nell'attività 5, leggendo il testo della canzone.

Attività 13. Gli studenti lavorano in coppia: uno interpreta il paziente, l'altro il medico. Lo studente-paziente sceglie una delle tre situazioni - l'insonne, l'influenzato, l'anemico - e pone il problema allo studente-medico. Questi, tramite alcune domande, deve cercare di capire bene la situazione, per poi dare i consigli del caso. Nel decidere i consigli da dare, è aiutato dalla lista di frasi all'infinito, che devono essere coniugate al congiuntivo. Alla fine, gli studenti si scambiano i ruoli.

Attività 16. In due frasi "va" è stato messo al posto di "deve essere" e viceversa. Il significato delle frasi non cambia, poiché in questo caso il verbo "andare" e l'espressione "dover essere" sono equivalenti. Questo uso di "andare" è molto frequente nelle frasi passive.

Attività 19. Andiamo a teatro.
La classe va divisa in gruppi di almeno 5 studenti (dove ciò non sia possibile, si possono fare gruppi meno numerosi in cui gli studenti ricoprono più ruoli, oppure si riunisce tutta la classe in un gruppo unico). All'interno di ogni gruppo gli studenti scrivono una minisceneggiatura partendo dal testo della canzone, quindi si assegnano i ruoli (può essere previsto anche un regista, il quale avrà il compito di dirigere gli attori). Dopo aver provato, a turno ogni gruppo si esibisce, mentre il resto della classe funge da pubblico e da giuria. Alla fine delle rappresentazioni, premiazione dello spettacolo più divertente.

SOLUZIONI

CI VUOLE UN FIORE – Sergio Endrigo

1: tavolo, legno, albero, seme, frutto, fiore
3: canzone per bambini
5: ci vuole un fiore
6: vedi testo a pag. 10
7: le risposte sono soggettive
8: **il**: legno, seme, frutto, fiore, ramo, bosco, monte, **l'**: albero, **la**: terra, **le**: cose
9: *maschile*: **il** frutto, **l'**albero; *femminile*: **la** cosa
10: **l'**olio, **il** sale, **il** basilico, **la** cipolla, **i** pomodori, **l'**acqua, **gli** spaghetti
12: la camicia, la giacca, la cravatta, la borsa, le scarpe, il cappello, il telefono, i pantaloni, l'orologio, l'ombrello, gli occhiali
13: vedi testo a pag. 10
14: l'articolo indeterminativo **un**
15: il legno/l'albero; la cioccolata/il cacao; il vino/l'uva; il cappuccino/il caffè e il latte; le sigarette/il tabacco; il giorno/il sole; il mare/l'acqua e il sale; la tempesta/la pioggia; l'hamburger/la carne; l'ufficio/il computer; i vestiti/il cotone; la pizza/i pomodori; la limonata/il limone
16: vedi testo a pag. 10

E PENSO A TE - Lucio Battisti

4: io, penso, casa, penso, penso, stai, penso, andiamo, penso, le, gli, penso, so, sei, so, fai, so, stai, è, grande, città, noi, sperano, è, penso, ti, penso, divertente, penso, sono, penso, occhi, penso, dormo, penso
5: a, b, b, b, a
6: la risposta è soggettiva
7: lavoro/io/lavorare, penso/io/pensare, torno/io/tornare, telefono/io/telefonare, stai/tu/stare, andiamo/noi/andare, sorrido/io/sorridere, abbasso/io/abbassare, so/io/sapere, sei/tu/essere, fai/tu/fare, è/lei/essere, sperano/loro/sperano, accompagno/io/accompagnare, sono/io/essere, chiudo/io/chiudere, dormo/io/dormire
8: **pensare**: penso, pensi, pensa, pensiamo, pensate, pensano; **chiudere**: chiudo, chiudi, chiude, chiudiamo, chiudete, chiudono; **dormire**: dormo, dormi, dorme, dormiamo, dormite, dormono; **essere**: sono, sei, è, siamo, siete, sono; **andare**: vado, vai, va, andiamo, andate, vanno; **fare**: faccio, fai, fa, facciamo, fate, fanno
9: Come, Dove, chi, che cosa, cosa

11. Il gioco delle domande:

	5 punti	10 punti	15 punti
COME	"prego", "prego, non c'è di che", "di niente", ecc.	zio	con uova, pancetta, olio, sale, pepe e parmigiano
DOVE	a Roma	al bar o al ristorante	a Torino
CHI	un famoso stilista italiano	Dante Alighieri	un regista
COSA	"buonanotte"	latte con un po' di caffè	la carne
QUANDO	in un'occasione di festa (il giorno di un compleanno, di un anniversario, ecc.)	prima di una prova o di un esame importante	a Natale
QUALE	Milano (ha circa 2 milioni e mezzo di abitanti)	il Po	io vengo, tu vieni, lui viene, noi veniamo, voi venite, loro vengono

12: a) sta sciando; b) sta suonando la chitarra; c) sta telefonando; d) stanno sorridendo; e) stanno mangiando; f) sta leggendo
13: stai pensando, si stan cercando
14: sto, stai, sta, stiamo, state, stanno
15: a) lavor**ando**; b) dorm**endo**; c) gioc**ando**; d) usc**endo**; e) legg**endo**; f) and**ando**;
16: a) Sto studiando; b) Sta parlando; c) Stiamo venendo; d) stai ridendo; e) stanno guardando; f) state sbagliando; g) stai facendo

LA FELICITÀ - Paola Turci

7: *maschile*: cuore, mare, sole, uomo, sesso, uomini, sale, viaggio, istante, *femminile*: città, noia, musica, papaya, spalle, apatia, fantasia, follia, strada, felicità, estate, quantità, pelle, libertà, fortuna,
8: *masch. sing.*: cuore (cuori), mare (mari), sole (soli), uomo, sesso (sessi), sale (sali), viaggio (viaggi), istante (istanti); *masch. pl.*: uomini; *femm. sing.*: città (città), noia (noie), musica (musiche), papaya (papaye), apatia (apatie), fantasia (fantasie), follia (follie), strada (strade), felicità (felicità), estate (estati), quantità (quantità), pelle (pelli), libertà (libertà), fortuna (fortune); *femm. pl.*: spalle (spalla)
9: ecco una soluzione tra le tante possibili: *masch. sing.* uomo, cuore; *masch. pl.* uomini, cuori; *femm. sing.* noia, estate, città; *femm. pl.*: noie, estati, città
10: vedi testo a pag. 25
13: *articoli determinativi*: *masch.* **il** mio cuore, **il** mare, **il** sole, **il** sale, **il** grande viaggio; *femm.* **la** città, **la** mia noia, **la** strada, **la** felicità, **la** mia pelle, **la** fortuna; *articoli indeterminativi*: *masch.* **un** uomo, **un** istante; *femm.* **una** follia
14: *l'articolo determinativo*: *masch. sing.* **il** viaggio; *masch. pl.* **gli** uomini; *femm. sing.* **la** strada; *femm. pl.* **le** estati; *l'articolo indeterminativo*: *masch. sing.* **un** viaggio, **un** uomo; *femm. sing.* **una** strada
15. Vedi testo a pag. 25

16: Parole crociate

		¹		²F	E	L	³I	C	⁴I	T	À
	⁵U	N	O		E				⁶T	I	
		O		R			⁷G	I	A		
	⁸M	I	T	I		⁹I			¹⁰L	O	
		O		¹¹U	¹²O	M	¹³I	N	I		¹⁴S
			¹⁵U	N	A		¹⁶L	A			O
	¹⁷U	N	A		¹⁸R	¹⁹E		²⁰I	L	
	²¹N	O		²²E	S	T	A	T	E		

BELLA - Jovanotti

4: **bella come** una mattina, una finestra, il vento, un tondo, un'armonia, l'allegria, la mia nonna, una poesia, la realtà; **calda come** il pane; **chiara come** un ABC, un lunedì; **forte come** un fiore; **nuda come** sposa; **grande come** il mondo; **fresca come** tramontana
6: a) la risposta è soggettiva, b) semplice, facile da capire, trasparente, c) la nonna
8: bella, calda, chiara, bella, forte, dolce, bella, bella, viva, pura, dolce, nuda, bella, calda, bella, grande, calda, fresca, opportuna, bella, bella
9: cambiano: bella→bello, calda→caldo, chiara→chiaro, bella→bello, bella→bello, bella→bello, viva→vivo, pura→puro, nuda come sposa→nudo come sposo, bella→bello, calda→caldo, bella→bello, calda→caldo, fresca→fresco, opportuna→opportuno, bella→bello, come la mia nonna in una foto da ragazza→come mio nonno in una foto da ragazzo, bella→bello
10: bello/a/i/e, cristallino/a/i/e, caldo/a/i/e, chiaro/a/i/e, forte/e/i/i, dolce/e/i/i, primitivo/a/i/e, vivo/a/i/e, pieno/a/i/e, puro/a/i/e, nudo/a/i/e, grande/e/i/i, fresco/a/i/e, opportuno/a/i/e,
11: la soluzione è soggettiva
14: vedi testo pag. 35
15: il mondo/i mondi, la risposta/le risposte, la parola/le parole, la mattina/le mattine, la finestra/le finestre, il lunedì/i lunedì, la vacanza/le vacanze, l'anno/gli anni, il fiore/i fiori, il dolore/i dolori, il vento/i venti, la gioia/le gioie, l'ora/le ore, il giorno/i giorni, la sposa/le spose, il passaporto/i passaporti, la foto/le foto, il bambino/i bambini, lo scirocco/gli scirocchi, la fortuna/le fortune, l'armonia/le armonie, la ragazza/le ragazze, la poesia/le poesie, la realtà/le realtà

SOLUZIONI

16: vedi testo a pag. 35
17: bello/brutto, chiaro/scuro, dolce/amaro, caldo/freddo, grande/piccolo, nudo/vestito, forte/debole

NON È - Luca Carboni

4: *mesi*: luglio, agosto, settembre, ottobre, novembre, dicembre; *stagioni*: estate
5: *mesi*: gennaio, febbraio, marzo, aprile, maggio, giugno; *stagioni*: autunno, inverno, primavera
7: *sempre*: rivoluzione, molto che non va, poca umanità; *non è sempre*: estate, in onda, il sole, festa, al mare
9: a) vorrebbe fare di più, essere più profondo e cambiare il mondo, invece si mette a dormire; b) non si sente a posto perché non fa abbastanza; c) c'è poca umanità
10: il contrario di "sempre" è "mai". La frase del testo è "non mi voglio arrendere mai".
13: sono possibili molte risposte.
14: vedi testo a pag. 46
15: *preposizioni presenti nel testo*: nel (in+il), alla (a+la), al (a+il), della (di+la), del (di+il); *le preposizioni articolate sono*: del (di+il), dello (di+lo), della (di+la), dell' (di+l'), dei (di+i), degli (di+gli), delle (di+le); al (a+il), allo (a+lo), alla (a+la), all' (a+l'), ai (a+i), agli (a+gli), alle (a+le); dal (da+il), dallo (da+lo), dalla (da+la), dall'(da+l'), dai (da+i), dagli (da+gli), dalle (da+le); nel (in+il), nello (in+lo), nella (in+la), nell'(in+l'), nei (in+i), negli (in+gli), nelle (in+le); sul (su+il), sullo (su+lo), sulla (su+la), sull'(su+l'), sui (su+i), sugli (su+gli), sulle (su+le)

17: Parole crociate

[Crossword grid with solutions: LE MESI P / SEMPRE UP CI / IRA FREDDO / MAI GEO SI V / DA MI B SOLE / GIA BIO U / AGIVA RR AGA / LI ESTATE LI / POUR GIUSTI / I MARZO TUOI]

MI PIACE - Leandro Barsotti

3: Giro i negozi e compro le cose più belle del mondo; Guardo la tele anche se non mi piace ma registro tutto quello che piace a te; Frego la macchina di mio padre e corro a prenderti a scuola; E sabato sera andiamo a ballare anche se non sono capace; Imparo a memoria le favole per raccontartele
6: a, d, f, g, i, n, o, q
7: sono possibili molte risposte, quello che segue è solo un esempio: nella canzone si parla di un ragazzo e una ragazza, quasi certamente fidanzati; sono giovani, dal testo si deduce che lei va ancora a scuola, quindi non ha più di 18-19 anni, lui probabilmente è più grande, ha comunque più di 18 anni, poiché guida una macchina; non sappiamo se abbia o no un lavoro
9: (a me) **mi** piace, (a te) **ti** piace, (a lui) **gli** piace, (a lei) **le** piace, (a noi) **ci** piace, (a voi) **vi** piace, (a loro) **gli** piace
10: a) le; b) Ti (Le); c) mi; d) Vi; e) gli; f) ci; g) gli; h) mi; i) ti;
13: vedi testo a pag. 53
15: andare a ballare 25%, andare a un concerto di musica classica 7,9%, andare a un concerto di musica pop, rock, ecc. 17%, andare al cinema 47,3%, andare a teatro 16%, visitare mostre e musei 26,7%, ascoltare la radio 62,6%, guardare la tv 95%, leggere un libro 42%, leggere il giornale 57,8%
17: *pron. diretti*: prender**ti**; *pron. indiretti*: **mi** piace, **ti** voglio bene, **mi** vuoi bene, **ci** piace, **ti** urlo; *pron. combinati*: raccontar**tele**; *pron. dopo preposiz.*: tutto per **te**, piace a **te**, insieme a **te**; *altri pron.*: sei brava **tu**, quando **tu** sei felice, lasciar**si** andare
18: Gira i negozi/e compra le cose più belle del mondo/fa tutto per lei, tutto per lei/Guarda la tele anche se non gli piace/ma registro tutto quello che piace a lei/fa tutto per lei/perché le vuole bene/perché gli vuole bene/

perché le vuole bene/Frega la macchina di suo padre/e corre a prenderla a scuola/fa tutto per lei, tutto per lei/ È sabato sera vanno a ballare/anche se non è capace/è brava lei/fa tutto per lei/ perché le vuole bene/perché gli vuole bene/perché le vuole bene/Gli piace gli piace/quando lei è felice/gli piace gli piace quando sono felici/ gli piace gli piace quando perde la voce/perché le urla che è bella/quando lei è felice/Impara a memoria le favole per raccontargliele/ fa tutto per lei, tutto per lei/E quando è il momento di fare l'amore/è bello lasciarsi andare/ insieme a lei/farebbe tutto per lei/ perché le vuole bene/perché gli vuole bene/perché le vuole bene/Gli piace gli piace/quando lei è felice/gli piace gli piace quando sono felici/gli piace gli piace quando perde la voce/perché le urla che è bella/quando lei è felice/ Gli piace gli piace/quando lei è felice/gli piace gli piace quando sono felici/ Gli piace gli piace/quando lei è felice/gli piace gli piace quando sono felici

PORTA PORTESE - Claudio Baglioni

1: *Porta Portese*: aperto la domenica mattina (dalle 5.00 alle 14.00); si vendono mobili, quadri, vestiti, libri, biciclette, moto, merci nuove ed usate, dischi, orologi e macchine fotografiche; *Via Sannio*: aperto tutti i giorni, esclusa la domenica, dalle 7.00 alle 14.00; si vendono merci nuove ed usate, vestiti, scarpe, borse, zaini, oggetti per la casa e per la cucina; *Fontanella Borghese*: aperto tutti i giorni, compresa la domenica, dalle 8.00 alle 14.00; si vendono libri, antichi gioielli, oggetti di inizio secolo, stampe antiche e moderne, acquetinte e acqueforti; *San Paolo fuori le mura*: aperto il martedì e il giovedì dalle 15.00 alle 19.00, il sabato dalle 9.00 alle 19.00; si vendono mobili, abiti, elettrodomestici, biciclette, motorini, libri; *Ponte Milvio*: aperto la prima domenica di ogni mese dalle 10.00 alle 19.30; si vendono pizzi antichi, orologi, mobili, abbigliamento country, quadri e oggetti navali

4: la risposta è soggettiva.

5: vedi testo a pag. 65

6: a, c, f. h, i, m. o. q

7: 1) la domenica (È domenica mattina si è svegliato già il mercato); 2) perché vuole comprare dei pantaloni (per comprarmi dei blue jeans al posto di questa divisa); 3) la sua fidanzata con un altro ragazzo (Quella lì... non è possibile che è lei insieme a un altro... non è certo suo fratello quello)

9: svegliarsi/si è svegliato; tornare/son tornato; scegliersi/se l'è scelto; cascare/ci son cascato; vedere/han visto; portare/l'ha portata; fare/hai fatto

10: i verbi della prima colonna hanno come ausiliare "avere", gli altri "essere"

11: *vedere*: ho visto, hai visto, ha visto, abbiamo visto, avete visto, hanno visto; *fare*: ho fatto, hai fatto, ha fatto, abbiamo fatto, avete fatto, hanno fatto; *portare*: ho portato, hai portato, ha portato, abbiamo portato, avete portato, hanno portato; *tornare*: sono tornato/a, sei tornato/a, è tornato/a, siamo tornati/e, siete tornati/e, sono tornati/e; *partire*: sono partito/a, sei partito/a, è partito/a, siamo partiti/e, siete partiti/e, sono partiti/e; *andare*: sono andato/a, sei andato/a, è andato/a, siamo andati/e, siete andati/e, sono andati/te

12: nel passato prossimo con il verbo essere cambia l'ultima lettera del participio passato (a, o, e, i); il participio passato si accorda con il soggetto

13: è tornato, è andato, Ha camminato, si è fermato, ha trovato, ha domandato, ha alzato, ha visto, ha comprato

14: a) i verbi con l'ausiliare essere diventano: è tornata, è andata, si è fermata; b) i verbi al passato prossimo diventano: sono tornati, sono andati, Hanno camminato, si sono fermati, hanno trovato, hanno domandato, hanno alzato, hanno visto, hanno comprato; c) i verbi al passato prossimo diventano: sono tornate, sono andate, Hanno camminato, si sono fermate, hanno trovato, hanno domandato, hanno alzato, hanno visto, hanno comprato

15: Parole crociate

18: vedi testo a pag. 65

SOLUZIONI

LA GATTA - Gino Paoli

3: vedi testo a pag. 76
6: 1/e, 2/c, 3/b, 4/a, 5/d
9: era, aveva, suonavo, faceva, scendeva, sorrideva, tornava, abito, è cambiato, abito, ho, vuoi, ripenso, aveva, vedo
10: *presente*: abito, abito, ho, vuoi, ripenso, vedo; *imperfetto*: era, aveva, suonavo, faceva, scendeva, sorrideva, tornava, aveva; *passato prossimo*: è cambiato
11: il tempo più usato: l'imperfetto; perché: è adatto a descrivere situazioni e abitudini passate come quelle narrate nella canzone
12: aveva (aveva una macchia nera)
13: *avere*: avevo, avevi, aveva, avevamo, avevate, avevano; *dormire*: dormivo, dormivi, dormiva, dormivamo, dormivate, dormivano; *essere*: ero, eri, era, eravamo, eravate, erano; *fare*: facevo, facevi, faceva, facevamo, facevate, facevano;
16: vedi testo a pag. 76
17: abitava, è successo, era, aveva, è scappata, avevo, andava, avevano, è morto, è ritornata
19: vedi testo a pag. 76

UN RAGGIO DI SOLE – Jovanotti

2: amore
3: vedi testo a pag. 87
6: vedi testo a pag. 87
7: prigione = **gabbia**; molto = **un sacco**; regalo = **dono**; borsa da mettere sulle spalle = **zaino**
8: lunatica
10: *passato prossimo*: ho detto, hai messo, hai scritto, hai scritto, ho detto, ho detto, hai detto, abbiamo fatto, hai detto, hai lanciato, abbiamo fatto, abbiam rifatto, è piaciuto, hai lanciato, ho fatto, hai acceso, ho sentito, son tornato, siamo andati, abbiamo preso; *imperfetto*: volevi, faceva, piangevi, sapevi, tornavo, parlavi
11: *avere*: ho detto, hai messo, hai scritto, hai scritto, ho detto, ho detto, hai detto, abbiamo fatto, hai detto, hai lanciato, abbiamo fatto, abbiam rifatto, hai lanciato, ho fatto, hai acceso, ho sentito, abbiamo preso; *essere*: è piaciuto, son tornato, siamo andati; *nei verbi con l'ausiliare essere l'ultima lettera del participio passato si accorda con il soggetto (-o/-a/-i/-e)*
12: *il verbo*: son tornato → **son tornata** (*cambia perché l'ultima lettera del participio passato si accorda con il soggetto femminile*); *l'aggettivo*: lunatica → **lunatico** (*cambia perché si accorda con il soggetto maschile*)
13: *tornato*: lanciato, parlato, andato; *piaciuto*: avuto, potuto, voluto, dovuto, saputo; *sentito*: partito, dormito, finito; *detto*: fatto, scritto, letto; *preso*: acceso, sceso; *messo*: permesso
14: la frase da correggere è: "e mentre un comico ~~ha fatto~~ ridere"; *frase corretta*: "e mentre un comico **faceva** ridere"; va usato l'imperfetto perché la frase è introdotta da "mentre"
15: risposte: a) Ha fatto finta di uscire b) Piangeva c) Un comico che faceva ridere d) È tornato da lei e) Al mare
16: ho deciso, tiravi, siamo lasciati, sono tornato, ho cercato, volevi, era, era, preferivi, ho chiesto, ti ho portato, faceva, siamo andati, faceva, abbiamo litigato, hai lanciato
19: vedi testo a pag.87
20: *animali*: uccellini, anatre, oche, delfini, conigli, api, foche; *fiore*: papaveri (sing. papavero)

VISTO CHE MI VUOI LASCIARE – Rino Gaetano

1: vedi testo a pag. 96
6: *fare*: vai sicura, chiudi bene, pensa al gatto e ai fascicoli sul mare, prendi il treno all'imbrunire, (potresti anche dormire), porta via ogni cosa, dammi ancora un minuto, ricordati dei sogni che mi devi restituire... gli umori e le atmosfere, rendimi le mie parole... le frasi e le poesie; *non fare*: non ti voltare
8: i sogni, gli umori, le atmosfere, le parole, le frasi, le poesie
9: a, d, f, h, l, m, p, q
11: *imperativo*: vai, chiudi, pensa, prendi, porta, dammi, ricordati, rendimi; *imperativo negativo*: non ti voltare
12: *pensare*: pensa, pensiamo, pensate; *prendere*: prendi, prendiamo, prendete; *partire*: parti, partiamo, partite; *andare*: vai (va'), andiamo, andate; *dare*: dai (da'), diamo, date
13: *prendi il treno*: non prendere il treno, non prendiamo il treno, non prendete il treno; *chiudi bene*: non chiudere bene, non chiudiamo bene, non chiudete bene; *vai*: non andare, non andiamo, non andate. *L'imperativo negativo con TU si forma con NON + infinito; l'imperativo negativo con NOI e VOI si forma con NON + presente indicativo*
15: vedi testo a pag. 96
16: siccome, dato che, poiché
19: vedi testo a pag. 96

SOLUZIONI

21: Visto che Lei vuole andare/vada sicura e non si volti/chiuda bene e pensi al gatto/e ai fascicoli sul mare/Visto che Lei vuole partire/prenda il treno all'imbrunire/va serena e non si stanca (stanchi)/e potrebbe anche dormire/Visto che Lei vuole andare/vada sicura e non si volti/porti via ogni cosa/che io possa poi scordare/Visto che Lei vuole fuggire/non La trattengo più amore/ma mi dia ancora un minuto/per convincerLa a restare/Visto che mi vuole lasciare/vada sicura e non si volti/ma si ricordi dei sogni/che mi deve restituire/e gli umori e le atmosfere/che mi hanno fatto amare/Ma visto che mi vuole lasciare/è inutile tergiversare/mi renda le mie parole/che Le ho detto con amore/e le frasi e le poesie/quelle Sue e quelle mie/Ma visto che mi vuole lasciare/non La trattengo più amore/ma mi dia ancora un minuto/per convincerLa a restare

DOMENICA E LUNEDÌ – Angelo Branduardi

1: il tempo
4: la soluzione è nella lista di parole dell'attività 5
5: vedi testo a pag. 107
6: *i giorni della settimana*: lunedì, martedì, mercoledì, giovedì, venerdì, sabato, domenica; *i mesi dell'anno*: gennaio, febbraio, marzo, aprile, maggio, giugno, luglio, agosto, settembre, ottobre, novembre, dicembre; *le stagioni*: primavera, estate, autunno, inverno; *i momenti della giornata*: mattina, pomeriggio, sera, notte; *l'orologio*: 60 secondi = 1 minuto, 60 minuti = 1 ora; *le feste*: il 25 dicembre è Natale, la festa con le uova è Pasqua, la festa con le maschere è Carnevale, il primo giorno dell'anno è Capodanno, il giorno in cui sono nato è il mio compleanno
8: non perdete**lo**/il tempo, guarda**le**/le nuvole, lascia**la**/la gioia, **la** ritroverai/la gioia, non perdiamo**lo**/il tempo, non sprecate**la**/la vita, non perdete**lo**/il tempo, guarda**le**/le nuvole, non consumate**la**/la giovinezza
9: *masch. sing.* non perdete**lo**, non perdiamo**lo**, non perdete**lo**; *femm. sing.*: lascia**la**, **la** ritroverai, non sprecate**la**, non consumate**la**; *femm. pl.*: guarda**le**, guarda**le**; *il pronome maschile plurale è* **li**
12: vedi testo a pag. 107

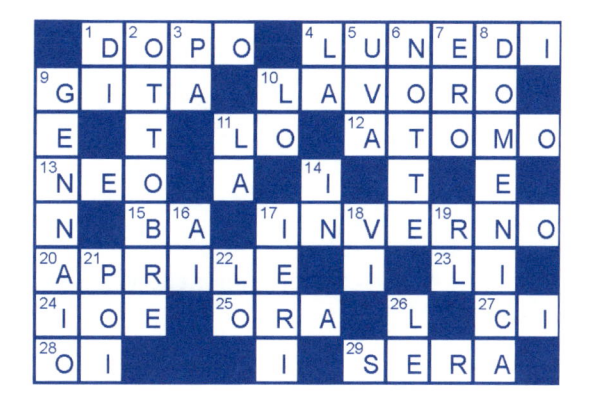

13: Parole crociate

	1 D	2 O	3 P	O		4 L	5 U	6 N	7 E	8 D	I
9 G	I	T	A		10 L	A	V	O	R	O	
E		T		11 L	O		12 A	T	O	M	O
13 N	E	O		A		14 I	T		T		E
N			15 B	A	17 I	N	V	18 E	R	19 N	O
	20 A	21 P	R	I	L	E		I		23 L	I
24 I	O	E		25 O	R	A		26 L		27 C	
28 O	I					29 S	E	R	A		

TU NON MI BASTI MAI – Lucio Dalla

1: Tu non mi basti mai
2: Vorrei
3: il vestito, il rossetto, l'acqua della doccia, le lenzuola del letto, l'hamburger, il motore della tua macchina
4: l'anello, la spiaggia, lo specchio, l'uccello, la tomba, il cielo
9: vedi testo a pag. 115
10: *futuro*: porterai, userai, andrai, dormirai, mangerai, accenderai, porterai, camminerai, guarderai, accarezzerai, morirai, abiterai, dormirai, lasceremo; *condizionale*: vorrei, volerei; *passato prossimo*: ho sognato, sono stato
11: *portare*: porterò, porterai, porterà, porteremo, porterete, porteranno; *accendere*: accenderò, accenderai, accenderà, accenderemo, accenderete, accenderanno; *dormire*: dormirò, dormirai, dormirà, dormiremo, dormirete, dormiranno; *andare*: andrò, andrai, andrà, andremo, andrete, andranno
13: *esprimere un desiderio*: **Vorrei** essere il vestito che porterai; Mi **piacerebbe** fare il giro del mondo; *chiedere qualcosa con cortesia*: **Potresti** chiudere la porta, per favore?; Mi **presteresti** la macchina?; *esprimere un'idea non sicura al 100%*: Franco **dovrebbe** arrivare domani mattina; Secondo la polizia, l'assassino **sarebbe** un uomo di quarant'anni; *dare un consiglio, invitare qualcuno a fare qualcosa*: **Dovresti** studiare di più; **Faresti** bene a cercarti un lavoro; *esprimere la conseguenza di un'ipotesi*: (Se io fossi un uccello) dalle tue mani non **volerei** mai; Se io mi sposassi, non **sarei** più libero di fare quello che voglio

SOLUZIONI

14: *volare*: volerei, voleresti, volerebbe, voleremmo, volereste, volerebbero; *scrivere*: scriverei, scriveresti, scriverebbe, scriveremmo, scrivereste, scriverebbero; *partire*: partirei, partiresti, partirebbe, partiremmo, partireste, partirebbero; *volere*: volerei, voleresti, volerebbe, voleremmo, voleresti, volerebbero

15: a) daresti; b) dovresti; c) farò; d) dovrebbe; e) farà, regalerai; f) verrei; g) sarà; h) tornerò; i) faresti; l) potresti; m) andrete; n) vorrei

16: vedi testo a pag. 115

ALLA FIERA DELL'EST – Angelo Branduardi

2: *animali*: un topolino, il gatto, il topo, il cane, il toro; *altri personaggi*: mio padre, il bastone, il fuoco, l'acqua, il macellaio, l'angelo della morte, il Signore

4: vedi testo a pag. 125

5: *la figura che descrive meglio la struttura del testo è quella della spirale (e)*

6: comprò/comprare; venne/venire; mangiò/mangiare; morse/mordere; picchiò/picchiare; bruciò/bruciare; spense/spegnere; bevve/bere; uccise/uccidere

7: *I verbi della canzone sono coniugati tutti al passato remoto. Il passato remoto ha lo stesso valore del passato prossimo. La differenza è soprattutto stilistica. Il passato remoto infatti si usa di più con i racconti di tipo favolistico, storico, mitologico, e nella narrativa in generale.*

8: *comprare*: comprai, comprasti, comprò, comprammo, compraste, comprarono; *potere*: potei, potesti, poté, potemmo, poteste, poterono: *dormire*: dormii, dormisti, dormì, dormimmo, dormiste, dormirono; *uccidere*: uccisi, uccidesti, uccise, uccidemmo, uccideste, uccisero; *spegnere*: spensi, spegnesti, spense, spegnemmo, spegneste, spensero; *venire*: venni, venisti, venne, venimmo, veniste, vennero

9: andò, disse, conoscevano, accettarono, arrivò, Guardò, parlò, cominciò, esclamò, rispose, scelsero, si prepararono, corsero, erano, iniziò, partì, arrivò, era, decise, camminava, dormiva, arrivò, si svegliò, vide, si mise, era, vinse, arrivò, disse

11: uccello/uccellino, cavallo/cavallino, vitello/vitellino, agnello/agnellino, maiale/maialino, gatto/gattino, topo/topolino, pesce/pesciolino, cane/cagnolino

12: E venne il toro **che** bevve l'acqua **che** spense il fuoco **che** bruciò il bastone **che** picchiò il cane **che** morse il gatto **che** si mangiò il topo **che** al mercato mio padre comprò.

13: 1) C'era una volta un uomo **che** aveva due cavalli. 2) Invece il secondo, **che** non aveva voglia di fare niente, si fermava continuamente. 3) Allora il secondo cavallo, **che** adesso tirava un carro vuoto, disse al compagno… 4) …così potrò vendere la pelle del cavallo **che** ho ucciso!"

14: vedi testo a pag. 125

SARA – Antonello Venditti

1: vedi testo a pag. 135

4: Sara, il bambino di Sara, il ragazzo di Sara, le amiche di Sara, la madre di Sara

7: Nella canzone non viene detto esplicitamente quanti anni hanno i due ragazzi. Però si dice che Sara va ancora a scuola, perciò non dovrebbe avere più di 19 anni; invece il ragazzo di Sara, che va all'Università, è sicuramente un po' più grande.

9: sveglia**ti**/Sara, ricorda**ti**/Sara, **ti** porterei/Sara, **ti** porterei/Sara, **mi** devo laureare/ragazzo, **ti** sposerò/Sara, non **ti** devi vergognare/Sara, lascia**le** tutte parlare/amiche, non **ti** stanno più/Sara, l'ho sentito respirare/bambino, **ti** batteva/Sara, **gli** basterà/bambino

10: *pronomi riflessivi*: sveglia**ti** è primavera, ricorda**ti**, **mi** devo laureare, non **ti** devi vergognare *pronomi diretti*: **ti** porterei ogni giorno al mare, **ti** porterei ogni giorno a far l'amore, **ti** sposerò, lascia**le** tutte parlare, l'ho sentito respirare, *pronomi indiretti*: i vestiti non **ti** stanno più, **ti** batteva forte il cuore, **gli** basterà

11: non riesco a capire come risolvere **questo problema**/ non riesco a capire come risolver**lo**; Ho conosciuto **questo ragazzo** una sera in discoteca/L'ho conosciuto una sera in discoteca; appena ho visto **questo ragazzo**/ appena l'ho visto; ma quando ho dato la notizia **al mio fidanzato**/ ma quando **gli** ho dato la notizia; ma io non voglio ascoltare **le mie amiche**/ ma io non voglio ascoltar**le**; ho paura di sconvolgere **i miei genitori**/ho paura di sconvolger**li**; purtroppo non ho dato retta **a mia madre**/ purtroppo non **le** ho dato retta; so già che non supererò **gli esami**/ so già che non **li** supererò

13: *verbi all'imperativo*: svegliati, prendi, accendi, ricordati, vai, dai, lasciale; *verbi con il pronome*: svegliati, ricordati, lasciale

14: a) se avessi i soldi ti porterei ogni giorno al mare; b) se avessi tempo ti porterei ogni giorno a far l'amore

15: a/i, b/p, c/h, d/o, e/l, f/n, g/m

16: *le frasi dell'attività 15 sono esempi di periodo ipotetico della possibilità; la regola è: se + congiuntivo imperfetto + condizionale presente*

SOLUZIONI

18: *essere*: fossi, fossi, fosse, fossimo, foste, fossero; *parlare*: parlassi, parlassi, parlasse, parlassimo, parlaste, parlassero; *avere*: avessi, avessi, avesse, avessimo, aveste, avessero; *dormire*: dormissi, dormissi, dormisse, dormissimo, dormiste, dormissero

21: vedi testo a pag. 135

22: Signorina Sara,/si svegli è primavera/Sara,/sono le sette e Lei deve andare a scuola/oh oh oh Sara,/prenda tutti i libri/ed accenda il motorino/e poi attenta/si ricordi che aspetta un bambino/Sara,/se avessi i soldi La porterei ogni giorno al mare/ Sara,/se avessi tempo La porterei ogni giorno a far l'amore/oh oh ma Sara,/mi devo laureare/e forse un giorno La sposerò/magari in chiesa/dove Sua madre sta aspettando/per poter piangere un po'/Sara,/Lei vada dritta non si deve vergognare/le Sue amiche/dia retta a me le lasci tutte parlare/oh oh oh Sara,/è stato solo amore/se nel banco non c'entra più/Lei è bella/anche se i vestiti non Le stanno più/Sara,/ mentre dormiva l'ho sentito respirare/ Sara,/mentre dormiva Le batteva forte il cuore/oh oh oh Sara,/Lei non è più sola/il Suo amore gli basterà/il Suo bambino se ci crede nascerà

DOTTI, MEDICI E SAPIENTI – Edoardo Bennato

2: c

3 e 4: vedi testo a pag. 146

6: a, d, f, g, i, k, n, o, q, s, v, y, aa

8: il dibattito sia aperto, è un peccato che si sia così conciato, si dia quindi la parola, che sia subito internato, prima che finisca, prima che mi possiate fermare

9: *congiuntivo usato per dare un ordine (o suggerimento) formale*: il dibattito **sia** aperto, si **dia** quindi la parola, che **sia** subito internato; *congiuntivo usato dopo una frase impersonale*: è un peccato che **si sia** così **conciato**; *congiuntivo usato dopo una congiunzione*: prima che **finisca**, prima che mi **possiate** fermare; *congiuntivo usato dopo un verbo di opinione o di sentimento*: /

10: *congiuntivo usato per dare un ordine (o suggerimento) formale*: Non **apra** quella porta!; **Prenda** l'autobus 64 e **scenda** alla terza fermata; *congiuntivo usato dopo una frase impersonale*: È meglio che tuo padre non **veda** quello che hai fatto; È ingiusto che nel mondo ci **sia** ancora tanta povertà; *congiuntivo usato dopo una congiunzione*: Malgrado non **sia** più tanto giovane, Aldo è ancora un bell'uomo; D'accordo, stasera andrò a trovare Paolo, a patto che **venga** anche tu; *congiuntivo usato dopo un verbo di opinione o di sentimento*: Credo che Carla non **stia** bene; Mi auguro che questa brutta storia **finisca** presto

11: *parlare*: parli, parli, parli, parliamo, parliate, parlino; *vedere*: veda, veda, veda, vediamo, vediate, vedano: *aprire*: apra, apra, apra, apriamo, apriate, aprano; *finire*: finisca, finisca, finisca, finiamo, finiate, finiscano; *essere*: sia, sia, sia, siamo, siate, siano; *dare*: dia, dia, dia, diamo, diate, diano; *potere*: possa, possa, possa, possiamo, possiate, possano

12: Mangi poco e spesso!/Metta poco olio nell'insalata!/Prenda il caffè senza zucchero!/Cerchi di mangiare pochi grassi!/Non esageri con i dolci!/Beva molta acqua!/Faccia un po' di sport!/Vada al lavoro in bicicletta!/Usi poco la macchina!/

16: Nel testo n° 2 "va" è stato messo al posto di "deve essere" e viceversa. Il significato delle frasi non cambia, poiché in questo caso il verbo "andare" e l'espressione "dover essere" sono equivalenti. Questo uso di "andare" è molto frequente nelle frasi passive.

17: a) La pasta **va** mangiata al dente; b) Il computer **va** riparato; c) Quest'uomo **va** ascoltato; d) La signora **va** accompagnata alla stazione; e) Le persone anziane **vanno** rispettate; f) I bambini piccoli non **vanno** lasciati soli; g) Questa lettera non **andava** aperta; h) Ai signori **andrà** preparata una cena vegetariana.

18: vedi testo a pag. 146

GUIDA DELL'INSEGNANTE

INDICE GENERALE DEI CONTENUTI

titolo e autore	difficoltà linguistica	contenuti grammaticali	contenuti comunicativi	contenuti culturali	genere musicale
1 - Pag.7 Ci vuole un fiore *Sergio Endrigo*	*	articoli determinativi, verbo "volerci"	dire cosa ci vuole per fare una cosa	natura, infanzia, cucina	canzone per bambini
2 - Pag.15 E penso a te *Lucio Battisti*	*	presente indicativo verbi regolari e irregolari, interrogativi, stare + gerundio	parlare di un sentimento, parlare delle azioni quotidiane, salutare scusarsi, interrogare, sapere, non sapere	amore, innamoramento, relazioni interpersonali	canzone melodica
3 - Pag.23 La felicità *Paola Turci*	*	articoli determinativi e indeterminativi	definire un sentimento, fare una proposta, convincere	vacanze, viaggi, felicità, infelicità	pop
4 - Pag.33 Bella *Jovanotti*	*	aggettivi, nomi, articoli determinativi	descrivere il fisico e il carattere di una persona, fare paragoni, definire, giudicare	bellezza, natura, amore	pop
5 - Pag.43 Non è *Luca Carboni*	*	avverbi di tempo e di frequenza, preposizioni articolate	parlare delle stagioni e del clima, specificare la frequenza di un evento, negare esprimere desideri e stati d'animo, invitare, convincere	clima, stagioni, sentimenti, Paesi, luoghi	reggae
6 - Pag.51 Mi piace *Leandro Barsotti*	*	verbo piacere, pronomi indiretti (pronomi diretti, pronomi combinati)	parlare dei gusti personali, esprimere giudizi (piacere e non piacere), fare una proposta, convincere	gusti, interessi, tempo libero	pop
7 - Pag.59 Porta Portese *Claudio Baglioni*	**	passato prossimo	fare acquisti, contrattare, raccontare fatti passati, chiedere e dare spiegazioni	acquisti, mercati dell'usato, Roma	ballata folk

172

GUIDA DELL'INSEGNANTE

INDICE GENERALE DEI CONTENUTI

titolo e autore	difficoltà linguistica	contenuti grammaticali	contenuti comunicativi	contenuti culturali	genere musicale
8 - Pag.73 La gatta *Gino Paoli*	**	imperfetto	raccontare situazioni e fatti passati, descrivere un'abitazione, descrivere l'aspetto fisico di persone e animali	casa, animali domestici	canzone d'autore
9 - Pag.83 Un raggio di sole *Jovanotti*	**	passato prossimo, imperfetto	raccontare situazioni e fatti passati	amore, mare, montagna, città, campagna	pop
10 - Pag.93 Visto che mi vuoi lasciare *Rino Gaetano*	**	imperativo (tu, Lei), connettivi	ordinare, dare consigli, esprimere la causa e la conseguenza di un fatto, convincere	rapporti di coppia	reggae
11 - Pag.103 Domenica e lunedì *Angelo Branduardi*	**	pronomi diretti lo, la, li, le	fare riferimenti temporali, definire un concetto, parlare di sé	tempo, periodi dell'anno e della vita, festività, Italia (geografia)	ballata
12 - Pag.113 Tu non mi basti mai *Lucio Dalla*	**	futuro semplice, condizionale semplice	esprimere desideri, parlare del futuro, esprimere la conseguenza di un ipotesi, chiedere qualcosa con cortesia, esprimere un'idea non sicura	sentimenti, desideri, società del futuro	canzone melodica
13 - Pag.123 Alla fiera dell'est *Angelo Branduardi*	**	passato remoto, diminutivi, pronome relativo che	raccontare fatti passati	favola, fiaba, tradizioni popolari, animali	ballata folk
14 - Pag.133 Sara *Antonello Venditti*	**	pronomi (riflessivi, diretti, indiretti), imperativo, periodo ipotetico	dare ordini e consigli, fare ipotesi	gravidanza, maternità, matrimonio, istruzione	pop
15 - Pag.143 Dotti, medici e sapienti *Edoardo Bennato*	***	congiuntivo presente, forma passiva con i verbi andare e dovere	dare ordini formali, esprimere sentimenti e opinioni, esprimere rammarico	scuola, salute, Pinocchio	aria operistica

Catalogo Alma Edizioni

Alma Edizioni
Italiano per stranieri

La **Grammatica pratica della lingua italiana** permette di esercitare la grammatica in modo completo ed efficace.

Presenta centinaia di esercizi, quiz, giochi, schede grammaticali chiare ed essenziali e degli utili test a punti che aiutano lo studente a verificare il livello di conoscenza della lingua.

Adatto a tutti gli studenti dal principiante all'avanzato. Sono incluse le soluzioni.

I verbi italiani è un eserciziario interamente dedicato allo studio dei verbi italiani.

Tramite schede chiare ed essenziali ed esercizi vari e stimolanti, lo studente viene guidato alla scoperta dei tempi e dei modi verbali della lingua italiana.

Adatto a tutti gli studenti dal principiante all'avanzato. Sono incluse le soluzioni.

Catalogo Alma Edizioni

Alma Edizioni
Italiano per stranieri

Giocare con la scrittura presenta attività e giochi per esercitare la scrittura **fin dai primi livelli**.

Il testo propone allo studente di **scrivere in modo giocoso e rilassato**, stimolando la creatività e la fantasia. Allo stesso tempo lo guida attraverso l'analisi dei diversi generi testuali, fornendo gli strumenti per riconoscere e riutilizzare in modo efficace le strategie e le tecniche comunicative alla base dei vari testi autentici proposti.

Per studenti di livello **elementare**, **intermedio** e **avanzato**.

Questo libro presenta una serie di articoli sulla vita, la società, la mentalità e le abitudini italiane. Ai testi, ognuno su un argomento specifico (le case degli italiani, la superstizione, il mammismo, la moda del telefonino, il rito del caffè, ecc.) si affiancano numerose attività didattiche che mirano a sviluppare la capacità di **leggere**, **parlare** e **scrivere** in italiano.

"Bar Italia" è adatto a studenti di livello elementare, intermedio e avanzato. Nel volume sono incluse le soluzioni degli esercizi.

Catalogo Alma Edizioni

Alma Edizioni
Italiano per stranieri

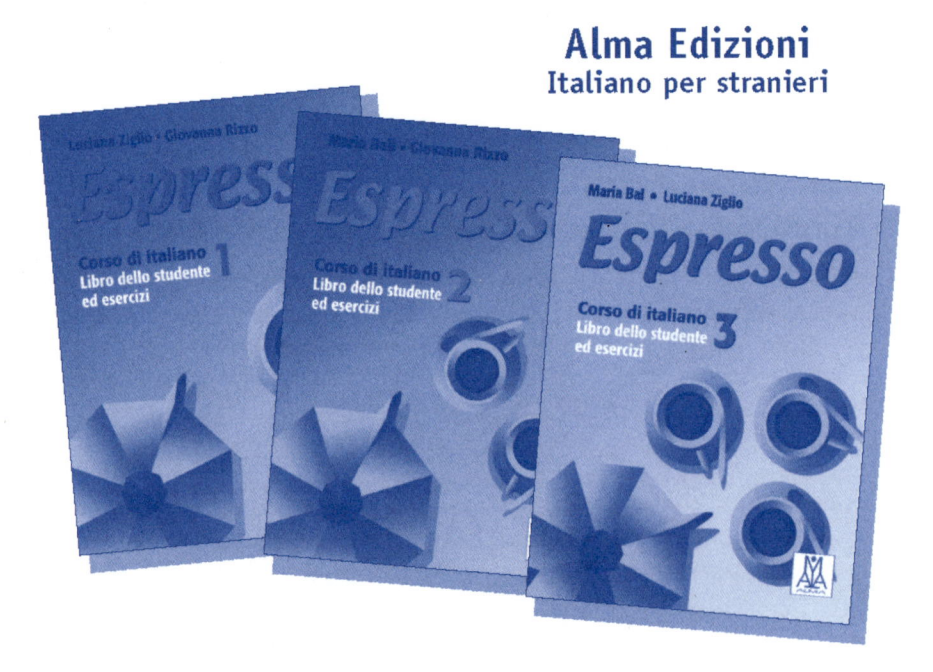

Espresso è un corso di lingua italiana per stranieri diviso in tre livelli:

- **Espresso 1** (principiante)
- **Espresso 2** (intermedio)
- **Espresso 3** (avanzato)

Si basa su principi metodologici moderni e innovativi, grazie ai quali lo studente viene messo in grado di comunicare subito con facilità e sicurezza nelle situazioni reali.

Propone attività altamente motivanti, centrate sull'autenticità delle situazioni, sulla varietà e sull'interazione nella classe.

Allo stesso tempo non trascura lo studio delle regole né la sistematizzazione e il rinforzo dei concetti appresi.

Ogni livello è composto da:

- un **libro**
- un **CD audio**
- una **Guida per l'insegnante**

Il corso è completato da:

- ❏ 3 libretti di **esercizi supplementari**
- ❏ un libro di **attività e giochi** per la classe
- ❏ una **grammatica**

completo · chiaro · facile · progressivo · autentico · ludico · comunicativo

www.almaedizioni.it